W0293366

Sonderdruck
edition suhrkamp

# Ingo Schulze
# Tausend Geschichten sind nicht genug

*Leipziger Poetikvorlesung 2007*

Suhrkamp

Leipziger Poetikvorlesungen
Herausgegeben von Josef Haslinger, Michael Lentz
und Hans-Ulrich Treichel

edition suhrkamp
Sonderdruck
Erste Auflage 2008

Originalausgabe

Druck: Druckhaus Nomos, Sinzheim
Umschlag gestaltet nach einem Konzept
von Willy Fleckhaus: Rolf Staudt
Printed in Germany
ISBN 978-3-518-06966-0

1 2 3 4 5 6 – 13 12 11 10 09 08

# Inhalt

Die Leipziger Poetikvorlesungen fanden zum ersten Mal am 31. Oktober 2007 im Festsaal des Alten Leipziger Rathauses statt. Die Vorlesungsreihe, bei der es sich um eine Gemeinschaftsveranstaltung des Deutschen Literaturinstituts der Universität Leipzig und der Kulturstiftung des Freistaates Sachsen handelt, wird im jährlichen Rhythmus fortgeführt und jeweils in einem Band der *edition suhrkamp Sonderdrucke* dokumentiert werden. Als Verlagsstadt, Ort der Leipziger Buchmesse, Sitz des Deutschen Literaturinstituts und Lebensmittelpunkt zahlreicher Autoren gehört die Stadt Leipzig zu einem der wichtigsten Zentren der deutschen Gegenwartsliteratur.

Die Leipziger Poetikvorlesungen laden bedeutende Gegenwartsautoren ein, ihre Schreib- und Arbeitsweisen vorzustellen und Einblick in ihre Poetik zu geben.

Josef Haslinger
Michael Lentz
Hans-Ulrich Treichel

# Tausend Geschichten sind nicht genug

*Leipziger Poetikvorlesung 2007*

Den Versuch, eine Poetikvorlesung zu halten, unternehme ich gegen verschiedene Widerstände. Zum einen hat künstlerische Nabelschau immer etwas Prätentiöses. Zum anderen enthält mein Roman *Neue Leben* bereits eine Art Poetik. Das trifft natürlich auf viele Bücher zu, denn die Auseinandersetzung mit dem eigenen Medium ist in meinen Augen ein entscheidendes Kriterium für Kunst überhaupt, doch ist in *Neue Leben* von einem die Rede, der Schriftsteller werden möchte und dessen Lebensstationen die meinen sind. Es ist nicht meine Geschichte, ich halte aber seine Geschichte für interessanter und aussagekräftiger. Und natürlich ist Literatur immer komplexer als das Reden über Literatur.

Ich bin mir darüber im Klaren, dass ich mit diesem Beginn durch die Aufnahmeprüfung jeder Rhetorikschule fallen würde, denn statt Sie, meine sehr verehrten Damen und Herren, neugierig zu machen, zu fesseln und womöglich sogar durch eine Anekdote zum Lachen zu bringen, stoße ich Sie vor den Kopf, als wollte ich Ihnen zu verstehen geben, dass Sie sich für den Abend des Reformationstages wirklich etwas Besseres hätten vornehmen können.

Ich habe die Aufgabe aber nicht nur übernommen wegen der Ehre, hier vortragen zu dürfen, sondern weil ich in dieser Einladung auch die Möglichkeit sah, im Zusammenhang über meine bisherigen Bücher zu sprechen.

Indem ich versuche, meiner Schreiber-Biografie nachzugehen und etwas über das Werden der Bücher zu sagen, hoffe ich, mich den Orten und Zeiten zu nähern, in denen sie entstanden sind. Und vielleicht gelingt es dadurch, die Veränderungen meiner Sichtweisen offenzulegen. Denn jede neue Erfahrung verändert den Blick auf die Vergangenheit und damit unser Bild von ihr.

Wenn im Folgenden von Schwierigkeiten die Rede sein wird, dann deshalb, weil sich gerade an jenen Stellen, an denen man nicht weiter weiß, die Fragen kristallisieren, die einen beim Schreiben umtreiben, und so noch am ehesten etwas über das Spezifische dieser Arbeit gesagt werden kann.

Mein Blickpunkt ist der eines Fünfundvierzigjährigen, der, in Dresden geboren, das Glück hat, seit dem Erscheinen seines ersten Buches 1995 von der Schreiberei gut leben zu können.

Oberflächlich betrachtet, bin ich das geworden, was ich als Dreizehnjähriger werden wollte, nämlich

Schriftsteller. Gemessen an meiner damaligen Vorstellung wurde ich es zu spät. Gravierender ist, dass meine heutige Existenz vor allem in punkto Heldenhaftigkeit in keiner Weise meinen damaligen Phantasien entspricht.

Denn mehr noch als Schriftsteller wollte ich berühmt werden, und das möglichst so schnell, dass es sich die DDR nicht mehr leisten konnte, mich zur Armee einzuberufen und mich stattdessen in den Westen reisen ließ. Dort würde ich wegen meiner Heldenhaftigkeit nur in den besten Hotels wohnen.

Das Schriftstellerdasein erschien mir im Kampf ums Berühmtwerden als die einzige noch verbliebene Möglichkeit. Ansonsten war der Zug schon abgefahren. Im Fußball, in der Musik und der Malerei besaß ich kein besonderes Talent, in den Naturwissenschaften gleich gar nicht. Hingegen fiel es mir leicht, Geschichten auszuspinnen. Schriftsteller genossen bei uns zu Hause höchstes Ansehen. Nicht, dass meine Mutter oder jemand aus ihrem Freundeskreis einen Schriftsteller gekannt hätte, aber E.T.A. Hoffmann und Thomas Mann, Hesse und Heine gehörten irgendwie mit zur Familie, wie auch Albert Schweitzer und Johann Sebastian Bach, Mozart und Beethoven.

Im Herbst 1976, ich war fast vierzehn und in der achten Klasse, wurde Wolf Biermann ausgebürgert. Dieser Name sagte mir nichts, Lieder von ihm hörte ich erst Jahre später. Er musste aber unglaublich wichtig und berühmt sein, denn die Zeitungen bestanden für einige Tage fast ausschließlich aus Artikeln, in denen alle möglichen Leute und Kollektive diesen Biermann für seine Lieder und Äußerungen verurteilten. Ich spürte, wie absurd die ganze Empörung war, nicht zuletzt deshalb, weil sie auf Sendungen des Westfernsehens oder Westradios reagierte, also voraussetzte, dass man diese sah und hörte. In den Diskussionen zu Hause kam dieser Biermann allerdings auch nicht gut weg. In den Augen meiner Mutter war er ein ungehobelter Prolet, und seine politischen Ansichten fand sie viel zu kommunistisch. Ich begriff jedoch: Gedichte können einen Staat ins Wanken bringen. Solche Gedichte wollte ich auch schreiben.

Ich las Reiner Kunzes *Briefe mit blauem Siegel*, ein Reclam-Leipzig-Bändchen, und *Musik auf dem Wasser*, Gedichte von Sarah Kirsch, ebenfalls bei Reclam Leipzig erschienen.

In einem Hausaufsatz in der neunten Klasse versuchte ich, eines von Sarah Kirschs Gedichten zu interpretieren. Auch wenn mir selbst schleierhaft blieb, »was die Dichterin damit sagen wollte« – wichtig war allein, dass es von jener Sarah Kirsch stammte, die die DDR verlassen hatte.

Ich schrieb viel Tagebuch und versuchte mich an Gedichten und Prosa. Heute wünschte ich manchmal, ich hätte es bleiben lassen. Unentwegt fühlte ich meine Zeit bedroht. Permanent setzte ich mich unter Druck, etwas Vorweisbares zu produzieren. Mit sechzehn schrieb ich ein paar Gedichte, von denen zwei in einer Anthologie veröffentlicht wurden, zweimal fuhr ich zum »Zentralen Poetenseminar der FDJ« nach Schwerin, was keine schlechte Schule war und eine Erfahrung, die ich doch nicht missen möchte.

Während der achtzehn Monate bei der NVA entstanden einige Geschichten, die die Armee zum Hintergrund hatten. Noch in den beiden Jahren danach schrieb ich Armeegeschichten. Drei davon schickte ich an den Schriftsteller Gert Neumann, den ich bei einer Lesung in Jena angesprochen und um seine Adresse gebeten hatte. Zumindest in einer Geschichte sah er gute Ansätze. Gern hätte ich ihm weitere Arbeiten vorgelegt. Aber mir gelang nichts mehr.

Zwischen dreiundzwanzig und dreißig schrieb ich kaum noch. Nicht, dass ich es nicht gewollt hätte – im Gegenteil. Doch bei allem, was ich versuchte, wusste ich recht schnell, dass es so nicht ging, ohne zu ahnen, warum das so war. Ich las viel und hoffte, bald meine eigene, unverwechselbare Stimme zu finden.

Seit meiner Armeezeit wusste ich: Dieser Wehrdienst, dem sich in der DDR kaum ein Mann entziehen konnte, ließ sich weder in Briefen noch in Gesprächen wirklich beschreiben. Was ich im Urlaub erzählte, waren Anekdoten, die mal gut, mal schlecht ausgingen. Aber das Eigentliche, das, was mir auf der Seele lastete und mich lange vor dem Weckpfiff wach liegen ließ, blieb stumm. Nur in ganz seltenen Momenten erfuhr ich, wie befriedigend es ist, wenn man schreibend etwas von dem zu fassen bekommt, was sonst ungesagt bleibt und allein in einer Geschichte sagbar wird. Am meisten vermisste ich in dieser Zeit das, was man die »Macherlust« nennen könnte.

Alles andere, sei es die Diplomarbeit, ein Programmheft oder Zeitungsartikel, waren Aufgaben, die man erledigte. Daran ließ sich vor allem genießen, dass man sie geschafft und hinter sich gebracht hatte. Mit dem Glück, das sich beim Gelingen einer Geschichte einstellt, hatte das nichts zu tun.

Nach dem Studium war ich 1988 als Dramaturg nach Altenburg ans Theater gekommen. Merkwürdigerweise hatte ich dort, ich war sechsundzwanzig, eine Ahnung, die mir selbst nicht behagte. Um wirklich gut zu schreiben, so meine innere Stimme, müsste mir »erst noch mal so richtig der Kopf gewaschen werden«. Was sollte das sein? Ich hatte die Armee erlitten und Liebeskummer kennengelernt. Ich arbeitete am Theater – gab es etwas Wichtigeres als Theater? Am Theater konnten wir beinah alles machen, was wir wollten, zumindest 1988/89 in Altenburg. Sollte ich vielleicht einen Ausreiseantrag stellen oder Kontakt zu den Gruppen suchen, die sich für Menschenrechte oder Umweltschutz einsetzten? Fehlte es mir an Reibung?

Im September 1989 wurde mir klar, dass ich die Schreiberei bis auf weiteres vergessen konnte. Ich war nicht aus der DDR weggegangen, weil ich immer das Gefühl gehabt hatte, die Freiräume und die sich damit bietenden Möglichkeiten längst nicht ausgeschöpft zu haben. Eine andere Begründung, die spätestens seit Gorbatschow nicht vollkommen abwegig klang, lautete: »Für die Stunde X müssen ja auch noch ein paar Leute da sein.«

Und nun war sie tatsächlich da, die Stunde X. Mit Angst und ungläubigem Staunen, mit Verlegenheit und euphorischer Aktivität machte ich mit, unterschrieb beim Neuen Forum, fuhr am 2. Oktober zum ersten Mal nach Leipzig; nach den Vorstellungen am Theater verlasen wir Resolutionen, organisierten Matineen, hielten in der Kirche Reden und hofften, dass daraus eine Demonstration entstehen würde.

Ich unternahm mehrere Versuche, Tagebuch zu führen. Aber ich war zu beteiligt, um zur Reflexion fähig zu sein. War nicht alles klar? Mitmachen oder nicht. Es aufzuschreiben empfand ich auch deshalb als überflüssig, weil mir jeder Tag derart präsent blieb, dass ich meinte, ihn nie wieder zu vergessen.

Ende 1989 war nichts so langweilig wie das Theater, nichts so interessant wie Fernsehen, Radio, Zeitung. Dass ich zusammen mit Freunden eine Zeitung gründete, geschah aus politischem Sendungsbewusstsein – wir wollten die Demokratisierung begleiten. Ich glaubte auch, die neue Zeit auf diese Weise besser kennenzulernen, und erwartete, als Journalist viele Geschichten erzählt zu bekommen. Das eigentliche Ereignis aber – die eigentliche Geschichte – bestand darin, dass ich Geschäftsmann wurde. In dieses Abenteuer geriet ich sogar gegen meine Absicht. Da uns kein Neues Forum finanzierte und wir die Entscheidungsgewalt nicht einem allein überlassen wollten, wurde ich Mitgesellschafter.

Die Jahre 1990, 1991 und 1992 erlebte ich anfangs als Journalist, von Woche zu Woche aber mehr als Geschäftsmann, bis der Journalist vollkommen verloren ging. Nach einem halben Jahr gründeten wir parallel zu unserem *Altenburger Wochenblatt* noch ein Anzeigenblatt, um unsere Verkaufszeitung zu schützen. Nach anderthalb Jahren wollten wir die für uns wichtigen Artikel lieber in einem Blatt veröffentlichen, das eine Auflage von 120 000 Exemplaren hatte, als in einer Zeitung, die – je nach Titelstory – mal etwas mehr, mal etwas weniger als 7000 Käufer fand. Übrig blieb allein das Anzeigenblatt, und die Artikel wurden zum Füllstoff zwischen den Anzeigen.

Mir selbst waren, ohne dass ich es recht bemerkt

hatte, die Worte abhanden gekommen. Mich interessierten nur noch Zahlen.

Ohne dass ich darüber hätte nachdenken müssen, verstand ich, dass Geschäft und Literatur nicht kompatibel sind – ich las ja selbst kaum noch. Mit den Nöten und Freuden eines ums ökonomische Überleben kämpfenden Geschäftsmannes hatten die Bücher nichts zu tun. Der Literatur, so schien mir, war jeglicher Einfluss auf die Gesellschaft verloren gegangen. Der Literatur, Theater, überhaupt alle Künste hatten ihre gesellschaftliche Zentralstellung eingebüßt und waren zum Dekor verkommen. Ich selbst verachtete heimlich alle, die ihr Geld am Monatsende per Überweisung bezogen. Wir dagegen mussten uns den Lohn Woche für Woche erkämpfen, und wenn uns das nicht gelang, würde ich verschuldet in die Pleite gehen und fünfzehn bis zwanzig Leute zum Arbeitsamt schicken. Ich träumte davon, einfach nur arbeitslos zu werden, ohne Schulden, ohne für die Arbeitslosigkeit der anderen verantwortlich zu sein. Ich hielt auch körperlich diesem Druck kaum noch stand. Ich wollte nur halbwegs heil davonkommen.

Mein Plan war, mich möglichst schnell der Zeitung zu entwinden und es noch mal mit der Schreiberei zu versuchen, und sei es nur, um herauszufinden, dass nichts dran war an diesem Traum. Bald würde ich dreißig werden. Ich wollte nach Berlin ziehen, die Zeitung sollte mich eine Zeit lang finanziell unterstützen, so weit ihr das möglich wäre. Ich hoffte, irgendeinen Job zu finden.

Heute wundere ich mich selbst über meinen Entschluss. Ich hatte nicht nur den Kontakt zur Welt der Bücher verloren, ich wusste auch immer noch nicht, was und wie ich schreiben sollte. Es gab nur den Wunsch. Vielleicht war auch der Mangel an Alternativen für mein Ansinnen verantwortlich. Zu schreiben und in Berlin Taxi zu fahren erschien mir besser als die Aussicht, in irgendeiner Tretmühle so weiterzumachen wie in den letzten Jahren.

In dieser Situation bekam ich von einem privaten Geschäftsmann, über dessen Solidität ich keinerlei Illusionen hegte, das Angebot, in seinem Auftrag nach St. Petersburg zu gehen, um dort das erste kostenlose Anzeigenblatt der Stadt zu gründen. Das war eine dieser vielen Ideen, die man spätabends nach einem Geschäftsessen spinnt. Ich nannte ein für meine Begriffe utopisches Monatsgehalt von 7000 D-Mark und sagte zu.

Ich wäre überall hingegangen, nur fort von diesem Alltag. Zudem war es für mich einfacher zu sagen, ich gehe nach Russland, ich mache Karriere, als zu erklären: Ich gehe nach Berlin, um zu schreiben, ich weiß nur noch nicht, was.

Im Sommer 1989, als ich das letzte Mal Leningrad besucht hatte, wäre ich am liebsten dort geblieben, denn die allerorten spürbare Liberalität wog für uns Touristen die katastrophale Versorgungslage auf. Im Herbst 1992 kam ich nicht mehr aus der DDR, sondern aus der Bundesrepublik, ich flog nicht in die Sowjetunion, sondern nach Russland, Leningrad hieß wieder St. Petersburg. Während eines der zahlreichen Geschäftstreffen zog ich, auf der Suche nach einem Stift, das Taschenbuch *Erinnerungen an Leningrad* von Joseph Brodsky hervor. Die Frau, die das Englisch meines Auftraggebers ins Russische übersetzte, sah dies und lud mich im Anschluss ein, gemeinsam zu dem Haus zu gehen, in dem Brodsky gelebt hatte. Sie war es auch, die mir in der Folge die Redaktionsmitglieder vorschlug. Als ich am 2. Januar 1993 mit zwei Apple-Computern, einem Drucker und einer Klebemaschine nach Sankt Petersburg flog, erwartete mich in zwei angemieteten Räumen im TASS-Gebäude an der Sadowaja bereits eine kleine Redaktionsrunde. Am 12. Januar erschien dann die erste Ausgabe von *Priwet Petersburg*.

Als Ostler in der Rolle des westlichen Geschäftsmannes lehrte ich das, was ich selbst erst zwei oder drei Jahre zuvor gelernt hatte. Die Markwirtschaft in Russland war noch kein Jahr alt, wir lebten mit der Inflation und mussten beinah wöchentlich eine neue Anzeigen-Preisliste drucken.

Jeden Abend schrieb ich an meinen Freund Helmar Penndorf einen Faxbrief, eine Art Tagebuch. Helmar war bereits so krank, dass wir nicht wussten, ob wir uns wiedersehen würden. Beim Schreiben gab ich mir Mühe; ich wusste, wie genau er meine Sätze lesen würde, denn ihm hatte ich gestanden, was ich eigentlich wollte. Nach den ersten Briefen antwortete er mit Zeichnungen, auf die ich einging, was zu neuen Zeichnungen führte. Zur Hauptfigur unseres Zwiegesprächs wurde Noc, die Nase, ein moderner Wiedergänger der Gogolschen Noc.

Helmar Penndorf starb Anfang Februar 1993. Mit seinem Tod endeten nicht nur die Faxbriefe. Auch meine Aufmerksamkeit, die den ganzen Tag über nach Erzählenswertem gesucht hatte, erlosch. Ich brachte es nun sogar fertig, in den wenigen freien Stunden meine alten Manuskripte hervorzuholen, um nach jahrelanger Unterbrechung an ihnen herumzubosseln. Verwundert fragte mich die Frau von Helmar, warum ich denn nicht über St. Petersburg schrieb, schließlich hätte ich doch die Stadt vor der Nase.

Ich glaube, dass mich St. Petersburg zum Schriftsteller machte.

Die Stadt war zu Beginn der neunziger Jahre ein Ort, an dem verschiedene Zeiten aufeinanderprallten: Die Zeiten Puschkins und Dostojewskis waren ebenso präsent wie das *Laboratorium der Moderne* vom Anfang des 20. Jahrhunderts oder das Petrograd der Oktoberrevolution und des Bürgerkriegs. Und natürlich gab es noch Leningrad, die unmittelbare Erinnerung an stalinistischen Terror, die deutsche Blockade im Zweiten Weltkrieg und jene Stadt, die wir als DDR-Touristen besucht und in der wir uns über Gorbatschow und Jelzin gestritten hatten. Auf diesen Schichten führte seit einigen Monaten ein brutaler, unberechenbarer, schriller Kapitalismus seine Ouvertüre auf. Es genügte, ein paar hundert Meter den Newski entlangzugehen, um die monströsen Widersprüche eng nebeneinander zu erleben: die Superreichen und das Heer der Armen, die westlichen Geschäfte und die leeren Staatsläden, die orthodoxen Priester neben den sogenannten »Müttern der Erde« und Hare-Krishna-Jüngern, Royalisten neben Kommunisten, Faschisten neben Demokraten, die alte Avantgarde neben den verdienten Künstlern der Sowjetunion oder den jungen Sozartisten. Außerdem gab es in dieser Stadt kaum einen Quadratmeter, der nicht auf irgendeine Weise literarisch gepflastert war. Man konnte immer noch mit Raskolnikow den Weg zur Gemüsehändlerin gehen oder vom Haus von Alexander Blok zu dem von Brodsky pilgern.

Und ich kam aus jenem Land, das am Tod von über einer Million Bewohner Leningrads Schuld trägt, die während der Blockade von 1941 bis 1943 verhungerten. Ich arbeitete mit Journalisten zusammen, die noch Kindheitserinnerungen an diese Zeit hatten. Verglichen mit ihrem Gehalt verdiente ich das Hundert- bis Zweihundertfache.

Im Nachhinein scheint es mir so, als sei meine Aufmerksamkeit mit dem Länger- und Wärmerwerden der Tage zurückgekehrt. Die Müdigkeit der Wintermonate legte man mit den Mänteln und Mützen ab, die Gerüche und Farben kamen wieder, die Straßen und Parks waren voller Redner, Musiker, Händler und Flaneure. Der Mai, in dem der Sommer fast übergangslos auf den Winter folgte, war eine Befreiung. Ich trug Ossip Mandelstams *Die Reise nach Armenien* wie ein Brevier mit mir herum – und begann eigene Beobachtungen zu notieren. Erst jetzt wurde ich mir wieder meiner fünf Sinne bewusst. Ich genoss es, über die Welt schreiben zu können, die mein Alltag war. Zwischen dem Bericht einer Straßenbahnfahrt und Skizzen über eine Verkäuferin entstand eine erste Geschichte.

Das Hochgefühl, um nicht zu sagen: die Euphorie dieser Wochen galt weniger den einzelnen Versuchen, sondern vielmehr einem unbekannten Raum, der sich plötzlich vor mir auftat. Ich wurde im Sätzemachen und in St. Petersburg gleichermaßen heimisch. Zum ersten Mal hatte ich das Gefühl, dass etwas möglich wurde, was ich bisher immer vergeblich erhofft und versucht hatte.

Aber erst nach meiner Rückkehr im Juli 1993 in ein Deutschland, das gerade seine erste wirtschaftliche Krise seit dem Beitritt erlebte, begriff ich die Analogien der Erfahrungen. Bei aller Fremdheit gab es diesen Weltenwechsel, den Übergang von einem System zu einem anderen, hier wie dort. Und die DDR war wie kaum ein anderes Land von der Sowjetunion geprägt gewesen. Nur hatten wir praktisch keine Übergangszeit erlebt. Vom vierzigsten Jahrestag der DDR bis zur deutschen Einheit war kaum ein Jahr vergangen.

Ich hatte Glück: Meine ehemalige Zeitung sowie ein paar Ersparnisse ermöglichten es mir, anderthalb Jahre tun zu können, was mir beliebte.

Doch auf den Rausch der Weißen Nächte folgte eine gewisse Ratlosigkeit. Meine Versuche, die Petersburger Reise in Skizzen zu beschreiben, stockten. Die unmittelbare Anschauung, die tagtäglichen Beobachtungen fehlten mir. Ich las viel und fast ausschließlich russische und sowjetische Literatur, ab und an tippte ich eine Idee in den Computer. Ab September jedoch, mitten im Umzug nach Berlin-Neukölln, stellten sich plötzlich die Geschichten ein. Ausgangspunkt war manchmal nur ein Satz, dem ich nachspürte, oder eine Gesprächskonstellation, die sich wie von selbst fortspann und zu einer Erzählung wurde.

So erinnerte ich mich an den Satz einer russischen Kollegin, die gesagt hatte, wenn wir für die Redaktion neue Räume samt Küche bekämen, würde sie nur noch für uns kochen. Ich malte mir die Folgen dieses Wunsches aus und schrieb über eine Zeitungsredaktion, die von ihren Mitarbeiterinnen zur Wohnung umfunktioniert wird. Der Ausgangspunkt für die Banja-Geschichte in der Mitte des Buches war der Versuch, eine feiernde Männergesellschaft in der Sauna zu beschreiben. Dass diese Situation sich zu einer kannibalistischen Orgie steigerte, überraschte mich und gab mir Rätsel auf. Ich war der Stimmigkeit der Bilder gefolgt, ein Schritt hatte den nächsten als notwendig erscheinen lassen. In anderen Geschichten blieb von der ursprünglichen Idee nichts zurück. So wollte ich einmal etwas über leere Bier- und Coladosen erzählen, die für die einen Abfall, für die anderen Reliquien waren. Die Geschichte, die daraus entstand – es ist die zweite im Buch –, schrieb ich innerhalb von zwei Stunden. Ich folgte ihr wie ein Leser – ohne zu wissen, was im nächsten Satz stehen würde. Bei einem Urlaub in der Toskana wurden die Nikolaus-Darstellungen zum Auslöser einer Nikolaus-Geschichte. Sah man in Siena und Florenz die Entstehung der Kunst aus dem Kult, so ließ sich in Russland der umgekehrte Prozess beobachten. Das brachte mich auf die Idee, die der Ikonengeschichte zu Grunde liegt.

Sollte ich in einem Satz zusammenfassen, worum es mir beim Schreiben ging und geht, dann müsste er lauten: Ich will etwas über einen bestimmten Ort zu einer bestimmten Zeit sagen. Das heißt, ich versuche, den alten Geschichten von Liebe und Tod etwas von unserer eigenen Zeit einzuschreiben. Indem ich mich vorhandener Muster bediene, hoffe ich auch die alten Geschichten lebendig und lesbar zu halten. Denn Literatur, wenn sie den Namen verdient, bedeutet immer zeitliche und räumliche Vergegenwärtigung. Nichts ist vergangen, wenn wir die Spuren in unserer Zeit zu finden vermögen, wenn es uns gelingt, sie zu sehen, zu hören, zu tasten, zu schmecken, zu riechen, also zu lesen.

Will ich etwas vom Spezifischen der eigenen Zeit den überlieferten Geschichten hinzufügen, so setzt das voraus, dass ich so genau wie möglich mein Hier und Jetzt erfasse. Das Ideal wäre, in Echtzeit zu schreiben, also über den Augenblick, den ich gerade erlebe. In St. Petersburg gab es vereinzelte Stunden oder Minuten, in denen ich dieser Gegenwart nahe kam. Da dies nur selten möglich ist, kommt es darauf an, den zeitlichen Abstand zu dem, worüber ich schreibe, spürbar werden zu lassen. Vollendet hat das Proust vorgeführt.

Hatte ich immer vergeblich nach der unverwechselbaren eigenen Stimme gesucht, so begriff ich während des Schreibens, dass ich diese eigene Stimme gar nicht brauchte, dass es für mich vielmehr darauf ankam, mich auf die verschiedenen Stimmen und Erlebnisse einzulassen. Mit der russischen Literatur am Ohr hörte ich auf die Resonanz, die sich zwischen dem Erlebten und den eigenen Erfahrungen ergab. Gar nicht zu überschätzen war dabei der Einfluss der Moskauer Konzeptualisten, insbesondere der Prosa von Vladimir Sorokin und der theoretischen Überlegungen von Boris Groys. Ihre Arbeiten waren für mich Katalysatoren wie auch Geburtshelfer. Es war meine kopernikanische Wende. Nicht mehr ich selbst mit meiner unverwechselbaren Sichtweise und Stimme stand im Mittelpunkt; stattdessen versuchte ich mich von verschiedenen Positionen aus und auf unterschiedlichen Wellenlängen der Wirklichkeit zu nähern. Ich war nicht mehr die Sonne, sondern der Sputnik.

Das, was ich für das Besondere am St. Petersburg jener Zeit hielt, ließ sich nicht durch einen einzigen Stil ausdrücken, sondern nur durch ein Bündel unterschiedlichster Stile und Geschichten. So wie sich eine Auffassung vom Glück an der anderen relativiert, sollte sich ein Stil, eine Geschichte an der anderen relativieren. Ich begriff, dass es keine veralteten und obsoleten Erzähltechniken gab, sondern nur angemessene und unangemessene.

Den angemessenen Stil fand ich nicht immer, oder es gelang mir erst nach längerer Suche. So wollte ich eine Geschichte schreiben, in der zwei westliche Geschäftsleute über einen Russen sprechen, von dem sie glauben, betrogen worden zu sein. Aber diese Geschichte ließ sich nicht schreiben. Ich hatte sie schon aussortiert, als ich mich daran erinnerte, was wir im Literaturunterricht gelernt hatten, nämlich dass Ernest Hemingway ein Meister des Dialogs war. Ich weiß nicht mehr, welche von Hemingways Short Storys ich benutzte, jedenfalls war es eine, die mit einem Dialog begann. Ich zählte die Silben des Wortwechsels, der durch ein »sagte er«, »sagte XY« unterbrochen wurde, und füllte diese Struktur mit meinem Text. Nach ein paar Zeilen hatte ich den Gestus begriffen, und die Geschichte schrieb sich nun wie von selbst. Im Nachhinein erscheint es mir geradezu folgerichtig, dass ich für diese Erzählung in der russischen beziehungsweise sowjetischen Literatur keine Vorbilder fand, denn historisch gesehen war eine derartige Situation – westlicher Geschäftsmann im postsowjetischen Russland – neu.

Was mir leider nie gelang, war eine Geschichte über den Besuch von Petersburgern in Berlin. Mich beschäftigte die Erfahrung, dass Freunde, die ich in Russland wegen ihrer Souveränität bewundert hatte, in Berlin davor zurückschreckten, allein die U-Bahn zu benutzen, während andere, die mir in St. Petersburg nie aufgefallen waren, in Berlin regelrecht aufblühten.

Sobald jedoch meine Figuren deutschen Boden betraten, bekamen sie weiche Knie.

Nicht zu überschätzen war für mich die Anerkennung, die ich durch meine erste Leserin, meinen ersten Leser erfuhr. Diese Ermutigungen schenkten mir Vertrauen in die eigenen Gehversuche und ließen mich weitermachen. Abgesehen vom Vorwort und einer späteren grundsätzlichen Umarbeitung einer Episode waren die 33 Geschichten im Juni/Juli 1994 geschrieben.

Ich bin kein Zahlenmystiker, trotzdem erschien mir die 33 erstrebenswert. Mit einigen Klimmzügen schaffte ich es, auf die Zahl zu kommen. Danach hatte ich das Gefühl, alles Material, allen Odem, alle Lust aufgebraucht zu haben.

Da ich jede Geschichte als gleichberechtigten Teil einer einzigen Erzählung ansah, gab ich ihnen keine Überschriften. Die anfangs als selbständige Skizzen geplanten Beobachtungen hatte ich in Geschichten eingebaut oder aussortiert. Schon beim Schreiben hatte ich das Gefühl, dass sich die Erzählungen in Paaren einstellen oder dass ein Pendant existiert. Die Anordnung der Texte entspricht dieser Idee insofern, als ich glaube, dass die erste mit der letzten korrespondiert, die zweite mit der vorletzten und so weiter. Nur für die Banja-Geschichte, die auch die umfangreichste ist, fand sich keine Entsprechung, deshalb platzierte ich sie in der Mitte.

Durs Grünbein, der mich früh ermuntert hatte, weiter zu schreiben, schickte das Manuskript an verschiedene Verlage, Karin Graf, die gerade erst ihre Literaturagentur gegründet hatte, nahm sich meiner an, was für mich die erste Anerkennung außerhalb des Freundeskreises bedeutete.

Genauso wichtig wie der Beginn des Schreibens war dann jener Augenblick, in dem ich im Berlin Verlag saß und meine spätere Lektorin Elisabeth Ruge mich nach einer halben Stunde Plauderei fragte: »Wären Sie denn bereit, uns Ihr Manuskript anzuvertrauen?« Viel fehlte nicht, und ich hätte laut losgelacht, weil ich selbst kurz davor gewesen war zu fragen: »Wären Sie denn unter Umständen bereit, sich meines Manuskriptes anzunehmen?« Von diesem 31. Januar 1995 an brachte ich den Mut auf, auf die Frage, was ich denn mache, zu sagen: Ich schreibe.

Das Lektorat habe ich genossen. Es war die Erfahrung, dass andere sich hauptberuflich darum bemühen, meinen Text besser zu machen.

Es gibt ein paar Geschichten in den *33 Augenblicken*, die mir nach zwölf Jahren auf eine angenehme Art und Weise fremd geworden sind. Die lese ich fast so, als hätte nicht ich sie geschrieben. Etwa eine Handvoll Geschichten würde ich gern verbessern. Damit meine ich nicht nur, dass sich hier und da etwas streichen oder austauschen ließe. Nein, ich möchte etwas ändern, weil ich die Idee von damals wiedererkenne, weil diese sich nicht zu etwas für mich Fremdem verselbständigt hat. Aber irgendetwas verbietet mir, wieder Hand anzulegen. Der Raum, den ich hatte betreten dürfen, hat sich schon lange wieder hinter mir geschlossen.

Etwa zur selben Zeit, in der ich das Manuskript beendete, erschien das Zwiegespräch mit Helmar Penndorf in Faxen und Zeichnungen als Privatdruck. Der Künstler Olaf Wegewitz hatte Arbeiten von Helmar Penndorf im Kunstverein Schloss Röderhof ausgestellt und *Von Nasen, Faxen und Ariadnefäden* anstelle eines Kataloges herausgegeben. Sicher hat es auch etwas Fragwürdiges, Briefe – noch dazu nach so kurzer Zeit – ans Licht der Öffentlichkeit zu bringen. Doch die Reaktionen besänftigten die schlimmsten Zweifel.

Nachdem ich Katharina Wagenbach-Wolff, deren Vorfahren als Buchhändler und Verleger bis 1917 in Petrograd gelebt hatten, ein Exemplar *Von Nasen, Faxen und Ariadnefäden* geschenkt hatte, endete keine unserer Begegnungen ohne den Satz: »Wir müssen etwas mit den Zeichnungen machen!« Alle Versuche, Briefe und Zeichnungen zu trennen oder den Text zumindest zu reduzieren, endeten unbefriedigend. Und so erschien das Buch ein zweites Mal, diesmal mit ISBN-Nummer, im Jahr 2000.

Jedes Wort über dieses Buch erscheint mir als ein

Zuviel. Es lässt sich nicht angemessen darüber sprechen, dass die Tage und Wochen, in denen unser Zwiegespräch stattfand, für Helmar die letzten waren und für mich der Beginn eines neuen Lebens.

Werde ich am Anfang einer Lesung vorgestellt, dann höre ich oft Helmars Namen. Auch deshalb bin ich froh, dass es dieses Buch gibt.

In dem Dreivierteljahr zwischen dem Abschluss des Manuskriptes und der Veröffentlichung der *33 Augenblicke des Glücks* versuchte ich, unterbrochen durch das Lektorat, etwas über meine Armeezeit zu schreiben. Doch nichts gelang. Das Schreiben an *33 Augenblicke* war zumeist lustvoll gewesen. Jetzt hockte ich vor dem Computer und hatte das Gefühl, dass mein Schriftstellerdasein beendet war, bevor es überhaupt begonnen hatte. Ich befürchtete sogar, nur über Russland schreiben zu können. Für Deutschland, so vermutete ich, fehle mir wohl die Distanz, die Zeit sei einfach noch nicht reif dafür.

Dabei hatte ich den Wunsch, über Ostdeutschland nach 1989 zu schreiben, denn darüber zu reden und zu generalisieren erschien mir immer unangemessener. Ich war damals nicht so gut auf uns Ostdeutsche zu sprechen. Die Mehrheit hatte in Kohl eine Art Weihnachtsmann gesehen. Ich empfand die Entwicklung weniger als eine Vereinnahmung durch den Westen.

Vielmehr hatte ich das Gefühl, von den eigenen Leuten von hinten umgeschubst worden zu sein. Wie anders ließ sich das Wahlergebnis vom März 1990 deuten? Wir hatten unser Geschick selbst gewählt. Zudem immunisierten mich meine Petersburger Erlebnisse gegen Larmoyanz. Mitte der neunziger Jahre war jedoch offensichtlich geworden, dass das Wirtschaftswunder im Osten nicht stattfinden würde. Mit einer Ideologie, die auf wirtschaftliches Wachstum setzte, war den Problemen nicht beizukommen. Zudem wurde mir mehr und mehr bewusst, dass das, was im Englischen als *transition*, also als Transformationsprozess bezeichnet wurde, etwas historisch Neues war, und dass sich diese Veränderungen nirgendwo in solcher Radikalität und Schnelligkeit vollzogen hatten wie in Ostdeutschland. Für den Westen war mit der ehemaligen DDR ein neuer, staatlich subventionierter Absatzmarkt entstanden, ohne dass man damit zugleich lästige Konkurrenz hinzubekommen hätte.

Der entscheidende Schreibimpuls für das zweite Buch wurde durch Erlebnisse ausgelöst, die mir in ihrer Vertracktheit und Widersprüchlichkeit als exemplarisch für die neue Zeit erschienen.

Eines Abends rief mich meine damalige Lebensgefährtin vollkommen aufgelöst an, um mir mitzuteilen, dass sie einen Dachs überfahren habe. Nachdem sie erzählt hatte, wie groß und schön dieses Tier sei und wie stark sein Wildgeruch, verkündete sie in ihrer Verzweiflung, sie wolle am nächsten Morgen in das Naturkundemuseum fahren, um dort zu fragen, ob das Museum nicht einen Dachs brauche. »So wäre das nicht ganz umsonst gewesen!«, sagte sie.

Dann, ein Wochentag Ende Juli 1995, Sommerwetter. Die letzten Korrekturen am Manuskript der *33 Augenblicke* waren beendet, ich war frei! Sooft ich mir diesen Moment vorgestellt hatte, war er immer mit der Erwartung eines völlig neuen Hochgefühls verbunden gewesen. Davon jedoch fehlte jede Spur, als ich am frühen Abend in den Zug stieg, um über Magdeburg nach Halberstadt zu fahren, auf dem Weg zu meinem ersten Stipendium. Ich wusste, was mich erwartete. Der Kunstverein Schloss Röderhof brachte seine Stipendiaten für zwölf Wochen in einem Bungalow unter. Vom Vorhof des Schlosses stieg man über eine breite, schon recht desolate Treppe zu einer Art Terrasse hinauf, durch deren Wildnis ein Trampelpfad führte, der an dem Bungalow endete. Die alles umgebende Schlossmauer war an einigen Stellen zerstört, sodass plötzlich verirrte Rehe oder Spaziergänger aus dem angrenzenden Wald vor einem standen. Ich sah dieser Einsamkeit mit Unbehagen entgegen. Außer Faulkner hatte ich noch ein Taschenbuch mit Short Storys von Raymond Carver in der Tasche, darin las ich, um auf andere Gedanken zu kommen.

*Es war gerade noch so hell, dass ich bei meiner Ankunft die Türme vom Dom, von der Martini- und der Liebfrauenkirche aus dem Zugfenster erkannte.*

Ich stieg aus. Im Halberstädter Bahnhof sprach mich eine Japanerin an. »*To Magdeburg? To Frankfurt?*«, hauchte sie. Ich ging mit ihr zum Fahrplan. *Es gab keinen Zug mehr nach Magdeburg und auch keinen nach Frankfurt, nur einen nach Göttingen, in zehn Minuten. Ich sagte ihr, dass es meines Wissens von Göttingen nicht mehr weit sei bis Frankfurt. Sie nickte, behielt aber ihren ängstlichen Blick. Auch die Fältchen auf der Stirn verschwanden nicht. Außerdem fiel mir nicht das Wort für Bahnsteig ein, aber da sie aufhörte zu nicken, als ich sagte: »From number three«, ging ich mit ihr noch in die Unterführung und zeigte zum zweiten Aufgang: »Number three«, wiederholte ich. Auf dem einen Schild standen aber nur eine »4« und eine »5« und auf dem anderen »1« und »2«. Deshalb begleitete ich sie zum Bahnsteig, wo gerade eine Diesellok mit zwei Anhängern einfuhr. Hier hing ein Fahrplan, auf dem es die Verbindung nach Göttingen nicht gab und auch keine nach Magdeburg. Ich lief der Schaffnerin nach, die aus dem angekommenen Zug gestiegen war. Sie legte ihre schwarze Mappe auf eine Bank und blätterte darin. »Sie fährt mit mir«, sagte die Schaffnerin, ›zweiundzwanzig siebzehn bis Oschersleben, steigt für sechzig Mark in ein Taxi und ist halb zwölf in Magdeburg.« Ich übersetzte. »And to Frankfurt?« Die Schaffnerin schloß einen Moment die Augen, schlug die schwarze Mappe zu, lief zu den beiden Wagen zurück und setzte einen Fuß auf den unteren Rost des Einstiegs. »Nun?« Ihre Hose spannte über den kurzen Schenkeln. Ich fragte die Japanerin, ob sie mitwolle. Für sechzig Mark fände sich hier wahrscheinlich auch ein Hotelzimmer. Sie nickte. Ich bedankte mich bei der Schaffnerin, die nun die Stange neben der Tür ergriff, den linken Fuß nachzog und mit vorgebeugtem Oberkörper hinaufstieg. In der Uniformhose schien sich ihr Hintern zu vergrößern. Ich ging mit der Japanerin die Treppe zur Unterführung hinunter und fragte, woher sie komme. »From Korea«. »Goslar«, entfuhr es mir, als wir an dem Fahrplan in der Bahnhofshalle vorbeikamen. »The timetable of Goslar!« Als ich den Taxifahrer fragte: »Wollen Sie die Dame ins Hotel fahren oder mich* nach Röderhof«, setzte er sich statt einer Antwort hinters Lenkrad. Ich schob meine Tasche auf den Rücksitz und *ging mit der Japanerin zum nächsten Taxi. Der Fahrer, ziemlich jung, braungebrannt, in kurzen Hosen, blieb mit verschränkten Armen hinter der Tür stehen und sagte nur, Hotelzimmer seien knapp und schlecht, und unter hundert Mark spiele sich da sowieso nichts ab. Mit hundert Mark komme man ziemlich weit, zum Beispiel nach Magdeburg. Ich übersetzte. Mein Taxifah-*

*rer rief, dass er seine Zeit nicht geschenkt bekomme. Die Japanerin sagte: »To Magdeburg.« Da verschwand der Fahrer im Taxi und stieß die Beifahrertür von innen auf. Die Japanerin drehte sich noch einmal um, rief: »Thank you very much« und stieg ein. »Nach Magdeburg!« schrie mein Fahrer. Er war aus seinem Wagen gesprungen. »Nach Magdeburg!« Ich riß die hintere Tür des Taxis auf, streifte den Bauch des Fahrers und* setzte mich neben meine Reisetasche. Er fuhr los, sein Radio dröhnte. Ich überlegte, wie ich mich verhalten sollte, ob ich ihm jetzt mehr Geld geben sollte oder nicht. Wir rasten durch die Dunkelheit. *Plötzlich hielten wir.* Im Scheinwerferlicht sah ich das Tor des Schlosses, zahlte, gab ein paar Mark Trinkgeld und stieg aus. Das Taxi fuhr zurück auf die Straße und brauste davon. Um mich herum war es stockdunkel. Ich blieb eine Weile stehen, bis sich meine Augen an das Dunkel gewöhnt hatten.

Das war Kapitel vier aus den *Simplen Storys*, reduziert auf das tatsächlich Erlebte.

In den folgenden Tagen arbeitete ich nicht, sondern las die Erzählungen von Raymond Carver, ging spazieren, fuhr Rad, besuchte Freunde und erzählte ihnen, was mir bei meiner Anreise widerfahren war. »Das ist ja eine richtige Geschichte«, sagten sie.

Ich versuchte, das Erlebte aufzuschreiben. Ich wollte aber nicht von einem Schriftsteller auf dem Weg zum Stipendium schreiben. So schrieb ich von Martin Meurer, einem ehemaligen Studenten der Kunstgeschichte, der jetzt als Vertreter arbeitet. Weil man ihm die Fahrerlaubnis weggenommen hat – da verfügte ich über konkrete Erfahrungen –, muss er mit dem Zug reisen. Ich versuchte diese Geschichte im Tonfall von Carvers Storys zu erzählen. Auch wenn ich nur langsam vorankam, hatte ich doch vom ersten Satz an das Gefühl: Auf diese Art ließ sich über die unmittelbare Gegenwart schreiben. Als hätte der Stoff sich seinen Tonfall gesucht, als würde der Tonfall die Geschichten anziehen. Plötzlich schien sich mein Alltag wie von selbst in Geschichten zu verwandeln. Ein Spaziergang über das Feld und meine heimliche Angst in der Finsternis des Bungalows reichten fürs Erste, um das Innenleben eines entlassenen Lehrers in seiner Sommerfrische zu skizzieren.

Merkwürdigerweise hatte ich die Geschichten von Carver bei einer früheren Lektüre wieder aus der Hand gelegt. Bei ihm, so fand ich damals, war die Welt irgendwie klein und unpolitisch. Meistens ging es um Männer, die aus irgendwelchen Gründen beruflich und privat gescheitert waren, die in Küchen oder Schlafzimmern saßen, im Vorgarten oder im Auto. Für jemanden, der den Herbst '89 in Leipzig und dann die Umwälzungen in Russland miterlebt hatte, war das befremdlich privat – bis ich plötzlich kapierte: Genau das ist doch deine Welt geworden!

Als mein erstes Buch Mitte September 1995 erschien, hatte ich zumindest das Gerüst von vier neuen Geschichten in der Tasche. Es vergingen einige Monate, bis ich wieder in die Arbeit zurückfand. Ein paar Ideen waren dazugekommen. Ich suchte für mein Short-Story-Schreiben nach einem englischsprachigen Hintergrund und erhielt – ich scheue mich fast, es zu sagen, weil es so unverschämt luxuriös ist – ein sechsmonatiges Stipendium für New York, das ich Anfang Juli 1996 antrat.

Jetzt hatte ich Zeit und Ruhe. Ich wohnte in der Nähe von Gesine Cresspahl auf der Upper Westside, blickte aus dem 17. Stock in Richtung Midtown und dachte an Altenburg. Morgens las ich ein paar Seiten Carver oder Hemingway auf Englisch, um wieder den Tonfall im Ohr zu haben. Dabei war es mir nie wichtig, den Stil möglichst genau zu imitieren. Nicht das Verhältnis zu den Vorbildern war mein Kriterium. Wichtig war, dass es mir gelang, durch ihre Anregung meine Gegenwart zum Sprechen zu bringen. Ich arbeitete nicht anders als zuvor, nur die Vorbilder waren andere. Der Stil war relativ homogen, denn im Vergleich zu Osteuropa manövrierte Ostdeutschland – als Teil der Bundesrepublik – bereits in ruhigeren Gewässern.

Unmittelbare Bezüge gibt es beispielsweise in den Kapiteln zwei und zwölf. Kapitel zwölf heißt »Die Killer«, die Hemingway-Vorlage »Killer«. Hemingway lässt zwei Killer, während sie auf ihr Opfer warten, über einen Mann reden, den sie gefesselt haben. Über jemanden zu reden, als wäre er nicht anwesend, ist ein Akt der Machtdemonstration, ja der Verachtung. Bei mir sprechen nicht zwei Killer, sondern zwei Anzeigenakquisiteure über ihren Kollegen von der Konkurrenz in dessen Beisein. »Neues Geld«, Kapitel zwei, ist praktisch eine Nacherzählung von »Up in Michigan« von Ernest Hemingway. Dessen Geschichte beginnt so: »Jim Gilmore kam aus Kanada nach Hortons Bay. Er kaufte dem alten Horton die Schmiede und den Eisenladen ab.« Bei mir heißt es: »Harry Nelson kam im Mai '90, eine Woche nach meinem neunzehnten Geburtstag, aus Frankfurt nach Altenburg. Er suchte nach Häusern, vor allem aber nach Bauland an den Zufahrtsstraßen zur Stadt. Es ging um Tankstellen.«

Nachdem ich etwa ein Dutzend Geschichten beisammen hatte, begann ich sie miteinander zu verbinden. Ich fragte: Welche SIE könnte diese weibliche Ich-Erzählerin sein, welcher ER könnte jener männliche Ich-Erzähler sein? Ich zeichnete mir Kästchen auf und verband sie miteinander, strich durch, wählte andere Varianten. Das tat ich so lange, bis alle Geschichten direkt oder indirekt miteinander verknüpft waren. Dieser Abend war einer der schönsten meines Schreiberlebens. Denn ohne dass ich mir etwas hatte ausdenken müssen, waren durch die Verbindungen Geschichten hinter den Geschichten entstanden. Plötzlich hatte ich da die beiden Familien, die Schuberts und die Meurers, und dann Barbara Holitschek, die behauptet, einen Dachs überfahren zu haben.

Bei jeder neuen Idee suchte ich nach Figuren, die dazu passten, vielleicht so, wie ein Regisseur nach Schauspielern sucht. Statt einer Konstruktion war eine Art Spielanleitung entstanden, der auch ich unterworfen war. In meinen Entscheidungen war ich nicht mehr frei – es sei denn, ich änderte die Spielanleitung. Beim Einfügen einer neuen Story war es meistens von Vorteil, dass ich die Figuren bereits kannte, dass ich wusste, worüber sie reden würden und woher sie kamen. Manchmal aber verdarb mir diese »Anbindung« auch Ideen.

Natürlich fragte ich mich, warum es mir möglich war, ausgerechnet im Stil der traditionellen amerikanischen Short Story von Ostdeutschland zu erzählen. Eine Erklärung wäre: Mit der Währungsunion am 2. Juli 1990 waren wir praktisch über Nacht in eine letztlich amerikanisch geprägte Kultur eingetreten. Von heute auf morgen lebten wir in einem kapitalistischen System. Wir kamen aus einer Welt, in der die Worte die Zahlen verdeckt hatten, und fanden uns über Nacht in einer Welt wieder, in der die Zahlen die Worte verdeckten. Es schien, als wären die Worte bedeutungslos geworden, als ginge es nur noch darum, dass es sich rechnet. Die Situationen, in die meine Figuren geraten, könnte es so oder so ähnlich überall in der sogenannten westlichen Welt geben. Sie sind simpel. Doch die Figuren haben andere Spielregeln erlernt als diejenigen, die plötzlich gelten. Sie reagieren mit Notwendigkeit anders, als wenn sie im Westen geboren worden wären. Ihnen ist die Freude und der Schock, das Staunen und die Unsicherheit dieses Weltenwechsels anzumerken. Ich hoffe, dass *Simple Storys – ein Roman aus der ostdeutschen Provinz* sowohl etwas vom verschwundenen Osten erzählt als auch vom Verschwinden des Westens.

Im April 1997, ein knappes Jahr vor Erscheinen der *Simplen Storys*, hatte ich als vorangegangener Förderpreisträger eine Rede bei der Döblin-Preis-Verleihung zu halten. Am Vortag fand ich in Döblins gesammelten Schriften jenen Satz, auf den meine Rede hinauslief. In »Epilog« von 1948 schreibt er: »Zudem hatte jedes Buch seinen Stil, der nicht von außen über die Sache geworfen wurde. Ich hatte keinen ›eigenen‹ Stil, den ich ein für alle Mal fertig als meinen (›Der Stil ist der Mensch‹) mit mir herumtrug, sondern ich ließ den Stil aus dem Stoff kommen.« In Döblins Manuskript steht noch: »(I)ch ließ vorsichtig den Stil aus dem Stoff kommen.« Ich hatte in Alfred Döblin einen literarischen Patron entdeckt. Durch ihn verstand ich mein eigenes Schreiben besser. Auch ihm ging es darum, den jeweils angemessenen Stil zu finden.

Noch während des Lektorats von *Simple Storys* hatte ich die Idee, eine Novelle über meine Schulzeit in der DDR zu schreiben. Sosehr ich die Short Story liebte, sehnte ich mich nach Abwechslung, nach längeren Sätzen, Vergleichen, Beschreibungen.

Nach Vorbildern musste ich nicht lange suchen. Ich fand sie in so unterschiedlichen Texten wie *Tonio Kröger*, *Die Verwirrungen des Zöglings Törleß* oder in den Novellen von Stefan Zweig. Mir erschienen sie deshalb adäquat, weil einerseits das Dresden, das ich kennengelernt hatte, in seinen Umgangsformen und seiner ganzen Kultur sehr traditionell und bürgerlich gewesen war, eine Bürgerlichkeit, die ich in der DDR als ein Dagegenhalten empfunden hatte. Andererseits hoffte ich auf einen Verfremdungseffekt, wenn dieser »spätbürgerliche« Ton mit dem realsozialistischen Schulalltag kollidierte.

Das erste Kapitel dieser Novelle schrieb ich auf der Lesereise von *Simple Storys* und glaubte – Handlung und Ende waren mir klar – das Manuskript bis zum Herbst beenden und so im nächsten Jahr schon wieder mit einem Buch aufwarten zu können.

Doch so deutlich ich den Inhalt vor Augen hatte,

die Novelle ließ sich nicht schreiben. Schon mit dem zweiten Kapitel verlor ich den Tonfall. Statt Pubertät zu beschreiben, klang ich selbst pubertär. Und ich sah, dass auch das erste Kapitel nicht frei davon war. Meine Situation glich jener nach dem ersten Buch – als hätte ich das Schreiben über Nacht verlernt.

Mir fällt für jene Versuche kein besseres Attribut ein als postdissidentisch. Ich gab der verschwundenen DDR noch einmal einen Tritt, ohne etwas zu riskieren. Woran hätte ich als Leser erkennen können, dass diese Novelle erst 1998/99 geschrieben worden war und nicht schon vor dem Mauerfall? Was hatte all das mit unserem Hier und Jetzt zu tun?

War es nicht angemessener zu fragen, was aus den Mutigen und Aufrichtigen, aus den Jüngern des Wortes wurde, als man für sie die perfide Bezeichnung vom »ehemaligen Bürgerrechtler« erfand? Um etwas über den Osten zu sagen, musste ich auch über den Westen schreiben. Das eine verstand man nur durch das andere. Erst wenn ich meinen Schulalltag mit jener Welt konfrontierte, in der wir seit 1990 lebten, würde die Novelle vielleicht möglich werden.

Um zu begreifen, dass ich nicht so einfach über die DDR erzählen konnte, brauchte ich ein Jahr. Die Suche nach der endgültigen Struktur des Buches beschäftigte mich bis in die letzten Monate der sich über mehr als sieben Jahre hinziehenden Arbeit, in der schließlich *Neue Leben* entstand.

Es ist schwer zu sagen, wie sich Ideen herausbilden. Anregungen zu benennen ist einfacher. Ohne *Die Lebensansichten des Katers Murr nebst fragmentarischer Biographie des Kapellmeisters Johannes Kreisler in zufälligen Makulaturblättern. Herausgegeben von E. T. A. Hoffmann* würde *Neue Leben – Die Jugend Enrico Türmers in Briefen und Prosa, herausgegeben, kommentiert und mit einem Vorwort versehen von Ingo Schulze* wahrscheinlich so nicht existieren. Bei Hoffmann gibt es zwei verschiedene Lebensgeschichten, die des philiströsen Katers und die Künstlerbiographie Kreislers, die scheinbar unvermittelt aufeinandertreffen. Zur Anregung durch die Lektüre kam dann die alltägliche Erfahrung, dass man die weiße Rückseite von ausgedruckten Manuskriptfassungen für alles Mögliche benutzen konnte, auch für Briefentwürfe.

Nachdem mir klar war, dass ich sozusagen auf der Rückseite meiner Novelle die Geschichte von '89/90 in Briefen erzählen wollte, glaubte ich, mit dem Schreiben beginnen zu können.

Bisher war ich immer von einer Konstellation, einem Satz, einer Situation ausgegangen, die Figuren hatten sich während des Schreibens zu erkennen gegeben. Beim dritten Buch war es genau umgekehrt: Ich musste mir zuerst über die Figuren, vor allem über die Hauptfigur Klarheit verschaffen, wollte ich auch nur einen Satz schreiben. Wie sah Enrico und wie sieht

Heinrich Türmer die Welt – Türmer germanisiert seinen Namen Anfang der Neunziger –, und was sind die Gründe dafür? Warum schreibt er, wem und wie vielen schreibt er, was schreibt er wem? Erst ein halbes Jahr vor der Veröffentlichung des Buches fand ich, was auf der Hand zu liegen scheint, die Ringstruktur nämlich, oder wohl eher: die Pseudoringstruktur. Türmer erzählt sein Leben bis in die ersten Januartage des Jahres 1990, in denen die Briefe einsetzen. Das heißt, die im ersten Brief (an Vera) geschilderte Episode wird im letzten Brief (an Nicoletta) noch einmal – in anderer Deutung – erzählt. Erst mit dem letzten Brief weiß man, in welchem Zustand sich Türmer befand, als er den ersten Brief schrieb.

Die Schwierigkeiten, die ich habe, wenn ich über *Neue Leben* Auskunft geben soll, entsprechen den Schwierigkeiten, die ich beim Schreiben hatte. Denn für Türmers Handlungen und Meinungen, für seine Sicht auf die Welt gibt es nie nur eine Begründung. Immer existieren mehrere Lesarten, die sich mitunter widersprechen oder sogar ausschließen.

Ursula März schrieb in einer Rezension, *Neue Leben* beruhe auf dem »Prinzip der Wendejacke«. Die Wendejacke hat »keine Innen- und Außenseite, sondern einfach zwei gleichberechtigte, nach außen tragbare Seiten, die man je nach Gelegenheit und Wetterlage wechselweise tragen« kann. Und weiter: »Ein

Buch, in dem alles, wirklich alles und jedes zwei Seiten hat und zwei Lesarten erlaubt (…). Man kann es als glaubwürdige Chronik historischer und biografischer Ereignisse auffassen. Und als Konstruktion einer riesigen Geschwätzmaschine, der kein Satz zu glauben ist, weil jeder Instrument einer durchtriebenen Manipulation ist.«

Es kommt mitunter einer Erlösung gleich, wenn ich Sätze lese, die meine Arbeit in dem Licht zeigen, in dem ich sie gern sehen würde, ohne dass ich es selbst so formulieren könnte. Und wenn ich es könnte, würde ich ja doch nur eine Hoffnung, einen Wunsch ausdrücken. Es ist unmöglich, aus *Neue Leben* zu zitieren. Man müsste sofort ergänzen, dass dies nur die Auffassung der Hauptfigur ist, die aber diese und jene Absicht verfolgt, zu anderen anderes gesagt hat, und der vielleicht auch noch der Herausgeber widerspricht.

Schon in den ersten beiden Büchern war es mir wichtig, das Signal auszusenden: Ich kann diese Geschichte auch anders erzählen. So wie sich in den *33 Augenblicken des Glücks* ein Stil am anderen relativiert, waren die den Inhalt referierenden Untertitel der Kapitel in *Simple Storys* als Stolpersteine gegen die Einfühlung gedacht. Sie sollten auch bedeuten: Hier macht einer auf Short Story. Die Struktur von *Neue Leben* verdankt sich wiederum dem Streben nach Episierung.

Natürlich ließe sich Türmers Werdegang, wie er ihn

selbst darstellt, als eine Entwicklung vom unglücklichen Schriftsteller zum glücklichen Geschäftsmann beschreiben. Türmer behauptet, glücklich zu sein, weil er endlich die Suche nach Ruhm und Ewigkeit hinter sich hat und sich nun frei fühlt für das tätige Leben und den Genuss des Augenblicks. Doch wer so viele Briefe innerhalb eines halben Jahres verfertigt, kann doch keiner sein, der das Schreiben an den Nagel gehängt hat. Gelingt ihm hier vielleicht das Werk, das zu schreiben er immer vergeblich versucht hat? Die drei Adressaten – Nicoletta in Bamberg, Johann in Dresden und Türmers Schwester Vera, die von Westberlin nach Beirut und dann nach Altenburg zieht – sind für ihn drei mögliche Lieben, drei verschiedene Lebensentwürfe, die sich aber nicht gleichzeitig verwirklichen lassen, einander sogar ausschließen.

Diese Unwägbarkeit, diese Unschärfe, diese Unsicherheit auf unprätentiöse Weise herzustellen, war Bedingung und Ziel meines Erzählens.

Durch die Figur des Herausgebers ließ sich einerseits die Fiktion stärken (Briefausgaben haben in aller Regel einen Herausgeber), andererseits gewann ich durch ihn eine zusätzliche Ebene.

Der Herausgeber, der meinen Namen trägt, hat, wie jeder Herausgeber, seine eigenen Interessen und Absichten, nur werden sie bei ihm schnell offensichtlich. Er sieht in Türmer literarische Konkurrenz. Zudem ist er eifersüchtig auf die enge Beziehung zwischen Enrico und dessen Schwester Vera. Das hat zur Folge, dass der Leser auch ihm misstraut. Es gibt in diesem Buch keinen Fixpunkt, keine Stelle, an der die Wahrheit versteckt wäre, während alle anderen Aussagen falsch sind.

Folgt man Türmers Abrechnung mit seinem bisherigen Leben, dann ist er jemand, der in der DDR leben, leiden und schreiben wollte, um eines Tages als erfolgreicher Schriftsteller und Dissident à la Biermann in den Westen zu gehen. Er ist gegen die DDR, aber um seinen Traum, den des dissidentischen Schriftstellers, leben zu können, braucht er die zweigeteilte Welt. Was Türmer auszeichnet, ist sein Gespür dafür, dass der unwahrscheinliche, unvorstellbare Mauerfall seinen Traum gegenstandslos macht. Statt als gefeierter Dissident in den Westen einzuziehen, latscht er gemeinsam mit Millionen anderen über die Grenze.

Er rechnet mit sich auch insofern ab, als er behauptet, der Wunsch, Schriftsteller zu werden, habe ihm sein bisheriges Leben verdorben, weil ihm alles zum Material für eine Geschichte oder einen Roman wurde.

Aber vielleicht muss er so reden, damit seine Gegenwart umso strahlender erscheint. Denn wichtig ist, aus welcher Position heraus jemand spricht. Bei Türmer ist es die des immer erfolgreicher werdenden Geschäftsmannes.

So sehr Türmer die Vergangenheit reflektiert, so unreflektiert bleibt die Gegenwart, als wäre die kapitalistische Welt ein naturgegebener Zustand, in den man nach dem Irrweg von vierzig Jahren real existierendem Sozialismus zurückgekehrt ist.

Natürlich scheint es heikel, einen Schriftsteller zur Hauptfigur zu machen. Doch mehr noch als der Funktionär, der nur offiziell anerkannt war, entschied während dieser vierzig Jahre der Schriftsteller als Priester des Wortes darüber, was als Wahrheit und was als Lüge galt. Seine Mutation zum Geschäftsmann war für mich der Paradigmenwechsel par excellence. Denn der Geschäftsmann, der Manager, ist das Zentralgestirn der heutigen Welt. Darin entsprechen Schriftsteller und Manager einander.

Schwierig war das Schreiben über die Gegenwart, über den Alltag des Geschäftsmannes. Konnte ich in den Erinnerungspassagen weit ausholen, tat ich mich schwer, den distanzlosen Mitschriften des neuen Alltags einen poetischen Funken zu entlocken. Für mich wurde dieser Teil erst erzählbar, als ich Clemens von Barrista als mephistophelische Figur begriff. Die Anregung kam aus Hans Wollschlägers *Herzgewächse oder der Fall Adams*, ein ungeheuerliches Buch, das eine komplexe Auseinandersetzung mit dem Fauststoff, vor allem mit dem *Doktor Faustus* von Thomas Mann ist.

Jener Clemens von Barrista, den bald alle nur noch den Baron nennen, obwohl er keiner ist – er fährt allerdings einen Chrysler Le Baron –, wird zum persönlichen Berater von Enrico Türmer. Türmer braucht nur auszuführen, was Barrista ihm einflüstert, um Erfolg zu haben. Sobald Barrista auftaucht, scheint jede Gefahr gebannt, der Alltag wird angenehm, die Welt verständlich.

Sehr oft wurde ich nach Lesungen gefragt, warum ich Barrista so positiv gezeichnet hätte, warum ich ihn nicht kritisiere.

Dabei verkörpert Barrista das, was auch heute noch regierungsamtlich als erstrebenswert gilt: unternehmerische Initiative, Effektivität, Risikobereitschaft, Wachstum, Erfolg. Barrista bereichert sich und meint, das sei der sicherste Weg für das Wohlbefinden aller. Das Unheimliche ist ja gerade, dass jemand wie Barrista überhaupt nicht auf die Idee kommt, sich in Frage zu stellen. Diese fraglose Akzeptanz war 1990 neu. Vorher hatten sich nicht nur Ost und West gegenseitig in Frage gestellt; die Legitimität der Systeme wurde auch von der jeweiligen Opposition (mal legal, mal illegal) angefochten. Die Verfechter von Ost und die Verfechter von West mussten sich rechtfertigen oder zumindest auf ihr Image achten. Das änderte sich mit dem Mauerfall.

Die Zeitung, bei der Türmer anheuert, wurde gegründet, um die Demokratie zu befördern. Zum Schluss bleibt ein Anzeigenblatt übrig, das über den Empfang des Erbprinzen im Altenburger Schloss berichtet, und zwar bevor dieser überhaupt stattgefunden hat. Türmer sieht sich gezwungen, auf den Verlauf des Besuchs Einfluss zu nehmen, damit das tatsächliche Geschehen seinem Artikel entspricht. Barrista kann über solche Ängstlichkeit nur lachen – es zählt allein, was berichtet wird.

Barrista fällt alles zu, sowohl die Hälfte der alten Zeitung wie die Hälfte der neuen, und schließlich sogar Türmers Lebensgefährtin Michaela. Ganz zu schweigen von den Immobilien. Nicht nur das Zeitungsgebäude, auch das neue Zuhause von Türmer ist Eigentum von Clemens von Barrista. Er ist der Mittler zwischen den Altenburgern und dem Erbprinzen. Ohne ihn geht bald nichts mehr.

Nachdem ich den Briefteil beendet hatte, kehrte ich zu meinem Ausgangspunkt, der Novelle über die Schulzeit, zurück. Jetzt ließ sie sich als ein Text Türmers schreiben, wie die anderen auch.

Doch nicht, weil die Novelle mein Ausgangspunkt gewesen war, erscheint sie im Anhang. Es ging mir auch darum, Belege für Türmers Behauptung zu liefern, er habe immer geschrieben. Türmers Werke erlaubten mir zudem, den Schilderungen der Briefe eine weitere Variante hinzuzufügen. Wichtiger aber war mir zu zeigen, wie Türmer das Schreiben mehr und mehr abhanden kommt, je instabiler die DDR wird, bis sich sein Schreiben mit dem Mauerfall erledigt hat. Das gab mir die Möglichkeit, Literatur in ihrer Beziehung zum historischen Kontext vorzuführen. Indem ich versuchte, ihre Bedingtheit zu zeigen, zugleich aber ihre verschiedenen stilistischen Möglichkeiten – von Hermann Hesse bis Vladimir Sorokin – zur Beschreibung zu nutzen, hoffte ich, noch einmal in die DDR-Zeit einzusteigen, diese also nicht von ihrem Ende her zu sehen. Was ich da schrieb, hätte ich nicht unter meinem Namen schreiben können, aber als Enrico Türmer war es möglich – und, wie ich finde, auch notwendig.

Über *Handy – Dreizehn Geschichten in alter Manier* lässt sich nicht in gleicher Weise sprechen wie über die anderen Bücher, denn diese Geschichten sind zu unterschiedlichen Zeiten entstanden und erst im Nachhinein zusammengefügt worden. Mit Ausnahme von »Mr. Neitherkorn oder das Schicksal«, entstanden 1996 in New York, rahmen die *Handy*-Geschichten *Neue Leben* zeitlich ein. Während ich noch mit der Titus-Novelle und der Struktur des Romans rang, entstanden die ersten vier Geschichten. Ich sträubte mich regelrecht, die Titelgeschichte *Handy* in der Manier von *Simple Storys* zu schreiben. So wollte ich nicht weitermachen. Aber anders, das merkte ich bald, konnte ich die Geschichte nicht erzählen. Dann aber, während der Arbeit daran, genoss ich nicht nur, dass ich keine Rücksichten auf andere Storys nehmen musste, sondern spürte fast wehmütig eine Sicherheit, über die ich bei meinen neuen Gehversuchen nicht ansatzweise verfügte. Nicht, dass ich die Erzählungen aus dem Ärmel geschüttelt hätte – es ist immer ein Suchen, das nie im ersten, selten schon im zweiten Anlauf glückt. Doch bei den Storys hatte ich wenigstens ein Gefühl dafür, wie es ging, ich wusste, wohin ich wollte und was unfertig und was fertig war. Zugleich wurde mir ebendiese Sicherheit verdächtig, weil ich fürchtete, die vertraute Manier könnte zur Masche verkommen. Ich spürte auch, dass sie mich daran hinderte, in Kontakt mit etwas Neuem zu treten. Denn beim Schreiben richtet man sich für eine Arbeit zu, man stellt sich ein auf Stoff und Stil, wird für bestimmte Wellen und Schwingungen besonders empfänglich, für andere taub. Man nimmt anders wahr, sieht und denkt anders.

Nicht, dass ich mir das Geschichtenschreiben verboten hätte, aber ich verdrängte es, ich wollte nicht mehr in Geschichten denken. Die Ideen, die sich einstellten, notierte ich. Und irgendwann hatte ich nicht mal mehr Einfälle für Storys, was ich als ein gutes Omen deutete.

Die ersten sechs Geschichten von *Handy* stammen

aus der Zeit vor 2000. »Schriftsteller und Transzendenz« schrieb ich, ebenso wie schon »Mr. Neitherkorn oder das Schicksal«, statt eines in Auftrag gegebenen Essays. Beide Texte, so unterschiedlich sie sind, haben nichts mit der Short Story zu tun. Sie weisen voraus auf eine Haltung, die sich um Unmittelbarkeit bemüht. »Schriftsteller und Transzendenz« erhielt, ermuntert durch die verspätete Lektüre von Witold Gombrowicz, eine Wendung, als sei diese Geschichte eine Verwandte der *33 Augenblicke*.

Als ich mir im Frühjahr 2006 die sechs bis sieben Jahre zurückliegenden Ideenskizzen vornahm, fürchtete ich, dass sie sich überlebt haben könnten und ich den Antrieb, diese Geschichten zu erzählen, verloren hätte. Waren sie überhaupt noch notwendig? Sie einfach nur zu Ende kunsthandwerkeln, das wollte ich auf keinen Fall.

Doch die Keimzellen von 1999 und 2000, aus denen dann »Die Verwirrungen der Silvesternacht« und »Eine Nacht bei Boris« werden sollten, standen plötzlich in einem ganz anderen Umfeld. So banal es klingt: Die Welt hatte sich verändert; die Gesellschaft des Jahres 2006 war sozial und ökonomisch ungleich mehr polarisiert als diejenige von 1999. Obwohl die Ideen nicht neu waren, musste ich keine alte Geschichte erzählen.

Und nun fielen mir auch wieder neue Geschichten

ein. »Zwischenfall in Kairo« ist die beinah dokumentarische Schilderung einer Reise, erzählt anhand einer erfundenen Liebesgeschichte. »Keine Literatur oder Epiphanie am Sonntagabend«, wie auch »Glaube, Liebe, Hoffnung Nr. 23« sind Experimente. Wie direkt kann man von etwas sprechen, das nicht greifbar ist? Lässt sich heute noch eine Liebesgeschichte in der dritten Person Singular schreiben, die zudem auch noch gut ausgehen soll? Ich bin mir nicht sicher, ob die Experimente geglückt sind. Beide Geschichten sind jedoch für die Balance des gesamten Buches wichtig. Die Lektüre sollte unberechenbar bleiben.

Abgesehen von »Glaube, Liebe, Hoffnung Nr. 23« sind die neuen Geschichten in der Ich-Form erzählt; die älteren, bis auf eine Ausnahme, ebenso. Es ging mir darum, den Eindruck größtmöglicher Unmittelbarkeit zu erreichen. Deshalb imitieren die Geschichten die gesprochene Sprache. Schon die klassische Short Story wäre dafür zu stilisiert. Es ist der Versuch, »das Kunstförmige des Erzählens zum Verschwinden« zu bringen (Ijoma Mangold), eine Bestrebung, die sich auch schon in der Briefform von *Neue Leben* entdecken ließe.

Mein literarisches Vorbild für dieses Buch fand ich erst nachträglich in den Erzählungen von Gustaw Herling, auf Deutsch zusammengefasst in dem Band *Das venezianische Porträt*. Herlings Erzählungen kommen derart unprätentiös daher, dass man glauben möchte: Ja, so muss es gewesen sein! Erst beim wiederholten Lesen entdeckt man, wie unaufdringlich die Motive gesetzt und wie filigran sie miteinander verwoben sind.

Während ich schrieb, fühlte ich mich am ehesten in der Tradition des Berichts und des mündlichen Geschichtenerzählers; es war, als müsste ich mit dem Erzählen wieder von vorn beginnen.

Ein Anknüpfungspunkt waren die Geschichten aus *Tausendundeiner Nacht*, die immer wieder vor Augen führen, dass das Erzählen etwas bezweckt – in dem Fall den Herrscher von seinen Mordplänen abzubringen. Es scheint aber auch unerlässlich zu sein, will man jemandem etwas erklären und ihn überzeugen: Statt zu argumentieren, wird eine Geschichte erzählt.

Nicht zufällig ist die Geschichte »Eine Nacht bei Boris« eine Anspielung auf das Schahrasad-Muster wie auf Boccaccios *Decamerone*. Ich war selbst überrascht, dass ich über die jüngste Vergangenheit und Gegenwart in dieser, wie ich fand, alten Manier des mündlichen Erzählens schrieb.

Diesen Widerspruch wollte ich schon im Titel benennen: *Handy – Dreizehn Geschichten in alter Manier*. Versuche ich diese Konstellation zu deuten, so würde ich sagen: Wir sind mit grundsätzlichen Problemen konfrontiert, die in der Vor-*Handy*-Zeit nicht als zentral galten, zum Beispiel Armut. Aber das ist eine Vermutung. Die Zusammenhänge zwischen literarischem Stil und einer bestimmten Zeit sowie einem bestimmten Ort sind naturgemäß sehr vermittelt.

Viele Geschichten scheinen sich an ein Gegenüber zu wenden – in manchen gibt es sogar eine Art Anrede. Der Impuls, der mich nach einer möglichst direkten Art der Mitteilung suchen lässt, hat auch damit zu tun, dass ich gehört werden und möglichst viele Leser erreichen will. Mit meinen Geschichten konkurriere ich ja nicht nur um Aufmerksamkeit, sondern auch um das, was im Feuilleton die »Deutungshoheit« genannt wird. Ich will meine Erfahrungen mitteilen.

Dieser Impuls war sicher schon früher da. Lange habe ich ihn mir nicht eingestanden, weil darin auch Anmaßung liegt. Ich formuliere es selbst heute lieber aus der Sicht des Lesers, der ich ja nicht weniger bin als ein Schreiber.

Literatur ist dafür da, dass man mit bestimmten Erfahrungen nicht allein bleibt, mit Erfahrungen, die nicht im Gespräch oder einer wissenschaftlichen Erörterung sagbar sind, die in ihrer Universalität und Gleichzeitigkeit nur in einer Geschichte, einem Gedicht, einem Roman Ausdruck erhalten. Literatur ist nicht dafür gemacht, etwas zu erklären, aber sie darf und sollte für eine gesellschaftliche Selbstverständigung genutzt werden. Denn das Bild, das wir uns von unserer Zeit, von unserem Ort machen, hat Einfluss auf das, was wir wollen, was wir tun. In diesem Sinn halte ich diejenige Literatur für die wirksamste, die unsere Welt am differenziertesten beschreibt.

Die Differenzierungen werden umso bedeutsamer, je grundsätzlicher die Fragen sind, die aufgeworfen werden. Ich will eine Literatur lesen, die nichts für selbstverständlich nimmt und die grundsätzliche Fragen stellt, eine Literatur, die zu den neuen und alten Vereinbarungen und Selbstverständlichkeiten dieser Gesellschaft vordringt, sie befragt und auch in Frage stellt. Eine dieser Fragen wäre: Leben wir, um zu arbeiten, oder arbeiten wir, um zu leben? Als Gesellschaft beantworten wir diese Frage eindeutig in dem Sinne, dass wir leben, um zu arbeiten. Daraus leiten sich viele andere Fragen ab: In welchem Verhältnis steht die Ökonomisierung aller Lebensbereiche zur Demokratie? In welchem Verhältnis stehen Geld und Lebenszeit? Warum spricht heute niemand mehr von Abrüstung? Warum muss mein Zahnarzt als Geschäftsmann denken und handeln? Die Literatur müsste viel mehr staunen und sich wundern.

Ein Einwand, den man gegen die gesellschaftliche Wirksamkeit von Literatur ins Feld führen könnte, lautet so: Schahrasad traf auf einen Herrscher, der zumindest im Bett bereit war, ihr zuzuhören. Ohne diese Bereitschaft, ließe sich argumentieren, läuft alles

Geschichtenerzählen ins Leere – denn welcher Herrscher hört schon auf Geschichten? Der Einwand unterschlägt jedoch, dass der einzelne Mensch wie die Gesellschaft Geschichten braucht. Manchmal werden die Geschichten sogar für wahr gehalten und verfestigen sich zu einer Religion. Manchmal werden Ereignisse der besseren Wirkung wegen zur Story umgebaut. Man kann sich seine Geschichten aus der Bibel holen, aus der Illustrierten, aus dem Kino oder vom Kalenderblatt.

Fragt man nach der Wirksamkeit von Literatur, dürfen wir die Antwort nicht nur bei Schahrasad und dem Herrscher suchen. Schahrasad hat sich nicht allein dem verbitterten Herrscher ausgeliefert – ihre Schwester Dinarasad begleitet sie. Dinarasad ist es, die die Erzählung in Gang setzt: »Ach Schwester, ich beschwöre dich bei Gott, wenn du nicht schläfst, so erzähle uns doch eine deiner schönen Geschichten!« Und Schahrasad antwortet: »Mit Vergnügen.« Und als dann das Morgenrot kommt und Schahrasad verstummt, seufzt Dinarasad: »Ach Schwester, wie köstlich und wie spannend ist deine Geschichte.« Das gibt Schahrasad die Möglichkeit zu antworten: »Was ist das schon gegen das, was ich euch morgen Nacht erzählen werde, wenn ich dann noch lebe.«

In diesem Sinne sind auch Schreiber und Leser Geschwister, die sich in derselben Lage befinden, die aufeinander angewiesen sind, wenn es gilt, tausendundeine Nacht zu überstehen, und die wissen, dass selbst tausendundeine Geschichte nicht genug sind, auch wenn wir es für heute Abend erst einmal geschafft haben.

# Was wollen wir?

*Dankesrede zur Verleihung des Thüringer Literaturpreises am 4. November 2007 in Weimar*

Als ich im Mai 1983 Jena besuchte, um mir meinen zukünftigen Studienort anzusehen, geriet ich zufällig in eine sogenannte »Friedensdemo«. Plötzlich sah ich mitten in dieser Kundgebung eine Gegendemonstration. Auf den Tafeln und Spruchbändern, die vor allem Männer in Arbeitskleidung trugen, wurde die Einführung eines sozialen Friedensdienstes gefordert, die Abschaffung des Schulfaches Wehrkunde, eine Abrüstung in Ost wie West und freie Wahlen. Die Tafeln der Gegendemonstranten waren schnell kaputtgeschlagen, die Spruchbänder zerfetzt, Schulkinder mit DDR-Fahnen wurden vor die Unruhestifter beordert.

Wollte man, so wie ich, im Land bleiben und studieren, war man gezwungen zu lavieren. Auch wenn der Freiraum mit jedem Jahr größer wurde, hätten Forderungen wie die der Gegendemonstranten bis in das Jahr 1989 hinein die Exmatrikulation bedeutet. Andererseits wusste man sehr gut voneinander, wie man dachte und wofür man eintrat.

Als Studenten des Erstsemesters wurden wir belehrt, was wir zu tun hätten, falls wir illegale Flugblätter fänden. Ich hätte damals viel darum gegeben, so ein Flugblatt zu finden. Sechs Jahre später schrieben und verteilten wir selber welche.

Hinter manchen Fensterscheiben in Jena sah man zu Beginn der Achtziger ein mit Filz- oder Buntstift gemaltes »Vivat Polska!«, dazu ein rot-weißes Fähnchen. Als diese Fähnchen Ende 1989 an einigen Altenburger Fenstern auftauchten, war ich beeindruckt. Die Altenburger hatten offenbar nicht vergessen, wie viel wir den Polen verdankten. Ich selbst wollte eine ungarische Fahne ans Fenster kleben. Als ich das gegenüber Freunden erwähnte, sahen sie mich so erstaunt wie belustigt an. Auf diese Weise lernte ich, dass Rot und Weiß die Thüringer Landesfarben sind.

Nicht nur das, was man mit Rot-weiß assoziierte, änderte sich. Alles änderte sich, die Freiheiten und Abhängigkeiten wurden andere.

In den folgenden Monaten erhitzte zu meinem Befremden nichts so sehr die Altenburger Gemüter wie die Frage, ob Altenburg sächsisch oder thüringisch werden sollte, wobei schon dieses »werden sollte« indiskutabel war, wussten doch beide Seiten nur zu genau, dass Altenburg schon immer entweder thüringisch oder sächsisch war.

Es ist müßig, darüber zu streiten, ob Altenburg sich anders entwickelt hätte, wäre die Stadt sächsisch »geworden«. Eines aber ist sicher: Den Thüringer Literaturpreis hätte man mir dann nicht zugesprochen.

Nach Weimar kam ich zum ersten Mal Mitte der siebziger Jahre bei einer Klassenfahrt. Wir wohnten in der Jugendherberge im ehemaligen Konzentrationslager Buchenwald. Vielleicht ist es für die DDR-Generation, der ich angehöre, nicht untypisch, dass sie Buchenwald vor Weimar kennenlernte. Dagegen gäbe es nichts einzuwenden. Doch was Elfjährige oder Zwölfjährige auf einer Klassenfahrt mit Sicherheit tun, nämlich laut reden und schreien und Musik hören, verstieß nicht nur gegen die Hausordnung, sondern galt als Beleidigung und Verhöhnung der Opfer. So wurden wir zu unmoralischen, ja beinah zu staatsfeindlichen Wesen erklärt. Der brüllende Herbergsleiter geriet zu einer Verkörperung des DDR-Antifaschismus, nicht zur einzigen glücklicherweise, aber leider doch zu einer einprägsamen.

Damals hörte ich auch von der Goethe-Eiche, wahrscheinlich knüpften sich daran Sätze über das andere Deutschland, über die Klassik und die Vorbildfunktion von Kunst.

In meiner Vorstellung haftet Weimar bis heute etwas Idyllisches an, als würden die Weimarer vor allem in Parks und Pavillons sitzen, musizieren, zeichnen, dichten und niveauvolle Gespräche führen. Außerdem liegt Weimar näher an Italien als das übrige Thüringen, ja als das gesamte restliche Deutschland. Hat man wie ich das Glück, von Rom nach Weimar zu kommen, scheint das Thema für eine Rede vorbestimmt.

»Goethens Zurückkunft ist ungewiß und seine ewige Trennung von den Staatsgeschäften bei vielen schon wie entschieden. Während er in Italien malt, müssen die Voigts und Schmidts für ihn wie Lasttiere schwitzen. Er verzehrt in Italien für Nichtstun eine Besoldung von 1800 Talern, und sie müssen für die Hälfte des Geldes doppelte Lasten tragen.«

Wenn schon Schiller, wie hier in einem Brief an Körner vom 19. Dezember 1787, Goethe Nichtstun unterstellt, wie hart müssen dann erst andere geurteilt haben, denen weniger an Literatur lag. Schiller allerdings ahnt hier bereits, welche unausgesprochene Absicht Goethe mit seiner Reise noch im Sinn hatte, nämlich die »ewige Trennung von den Staatsgeschäften«.

Der italienische Germanist Roberto Zapperi behauptet, dass diese Loslösung – bei Weiterzahlung des Gehaltes – von vornherein geplant gewesen sei. Goethe war auf das Geld des Herzogs angewiesen, denn mit seinen Büchern verdiente er wenig, was vor allem an den Raubdrucken lag. Er kam aber auch kaum noch zum Schreiben. Als sich Goethe Anfang 1786 an den Berliner Verleger Unger wandte, lehnte dieser eine erste Werkausgabe ab. Unger hielt »die Honorarforderungen eines Autors, der schon länger nicht mehr auf dem Buchmarkt vertreten war«, für überzogen. Ende Juni 1786, etwa zwei Monate vor seiner Abreise nach Italien, legte Goethe dem Verleger Göschen einen Plan vor, seine Werke in acht Bänden zu veröffentlichen. Die Zahlungen von Göschen waren für die Reise eingeplant. Dem Herzog gegenüber diente Goethe die Vorbereitung seiner Werke für den Druck (um »allerley Mängel zu verbessern und allerley Lücken auszufüllen«) als Grund seines Rückzugs.

Das Geheimnis, das Goethe um Ziel und Dauer der Reise machte, so Zapperi, »war eine nötige Vorsichtsmaßnahme, um der Gefahr eines vorzeitigen Scheiterns des Planes zu begegnen. (...) Die Distanz war die Vorbedingung für die Dauer der Reise. Der Herzog mußte vor die vollendete Tatsache einer langen Abwesenheit gestellt werden, die als bezahlter Urlaub gerechtfertigt war. (...) Der Dichter kehrte nach fast zwei Jahren mit dem Erfolg in der Tasche nach Deutschland zurück. Carl August dispensierte ihn praktisch von allen Staatsgeschäften, und nicht nur das allein. Er erhöhte ihm sogar das Gehalt von 1600 auf 1800 Taler.«

Goethe hatte es geschafft, sich nach zehn Jahren Hofdienst einen Freiraum zu sichern. Denn: »Es lässt sich in dieser Werckeltags Welt nichts auserordentliches zu Stande bringen.«

Er wusste, welche Zugeständnisse er machen

musste, um halbwegs das Leben führen zu können, das er wollte.

Fünfzehn Jahre nach Goethe brach im Dezember 1801 Johann Gottfried Seume nach Italien auf. Sein *Spaziergang nach Syrakus* erschien bereits 1803, dreizehn Jahre vor dem ersten Band von Goethes *Italienischer Reise*. Man sieht die Dinge anders, wenn man zu Fuß geht und das Geld, das man besitzt, eingenäht im Rock mit sich trägt.

Seume verdiente sein Geld bei Göschen in Grimma als Korrektor, er bereitete die Oden Klopstocks zum Druck vor. Sein Reisebudget bestand hauptsächlich aus jenen 200 Talern, die ihm sein Freund Gleim sofort, stillschweigend und bedingungslos zur Verfügung gestellt hatte. Seume sollte das Geld erst dann zurückzahlen, wenn er so reich sei wie der reichste Bankier. Trotzdem beschwor Gleim ihn mehrfach, die Reise nicht zu unternehmen.

Seume hätte das Geld auch von Göschen bekommen. Aber das wollte er nicht: »Es wäre doch möglich, dass ich unglücklich wäre, wer kann alle Unfälle verhüten; dann, erlauben Sie mir, glaube ich, würden Sie den Verlust leichter verschmerzen, als er«, schreibt er an Gleim.

Eine andere Finanzierungsmöglichkeit hatte Böttiger angeboten, der ihm 400 bis 500 Reichstaler von dem Verleger Cotta verschaffen wollte, wofür Seume

Reiseberichte von unterwegs liefern sollte. Seume lehnte ab. »Es ist immer drückend, Obliegenheiten zu haben, wodurch man einigermassen von dem Willen eines anderen abhängt.«

Seume, der Mann aus ärmlichen Verhältnissen, der als Rekrut nach England verkauft und nach Nordamerika verschifft worden war, um dort mitzuhelfen, die Unabhängigkeitsbewegung niederzukartätschen, hatte kein gutes Verhältnis zum Hof. »Es wehte mich oft eine kalte, dicke, sehr unfreundliche Luft an, wenn ich einer Residenz nahekam«, schreibt er in seinem *Spaziergang*, als er sich Dresden nähert. »Man trifft so viele trübselige, unglückliche, entmenschte Gesichter, dass man alle fünf Minuten auf eines stößt, das öffentliche Züchtigung verdient zu haben, oder sie eben zu geben bereit scheint.«

Göschen wagte nicht, den *Spaziergang nach Syrakus* zu publizieren. Dabei ist dieser in seinem kritischen Blick noch verhalten, misst man ihn an der auf Latein verfassten Vorrede zum Plutarch, der schonungslosesten Kritik der deutschen Verhältnisse zu Beginn des 19. Jahrhunderts, die ich kenne. Diese Vorrede war nicht die einzige Schrift Seumes, die verboten wurde.

Goethe wusste, was er wollte und konnte, und Seume wusste es vielleicht noch besser.

Weiß aber auch ich, was ich will, wissen wir, was wir wollen?

Als mich Wulf Kirsten anrief, um mir die Juryentscheidung mitzuteilen, löste er große Freude bei mir aus. Der Preis, sagte er, sei mit 6000 Euro dotiert, das Geld käme von E.ON Thüringer Energie. Er fragte, ob ich den Preis annehme. Ich sagte ja. Ich freute mich über die Anerkennung und empfand zugleich einen Zwiespalt, in dem ich mich noch immer befinde. Es lohnte nicht weiter darüber zu reden, wenn dieser Zwiespalt einer wäre, in den nur von Fortuna begünstigte Künstler gelegentlich geraten. Es ist aber ein gesellschaftlicher Zwiespalt, mit dem wir täglich konfrontiert werden.

Meine erste Reaktion: Ich fragte mich, warum das Land Thüringen in seinem Kulturhaushalt nicht monatlich 250 Euro beiseite legt, um dann alle zwei Jahre einen Literaturpreis zu vergeben. Stattdessen: Wir machen ein Geschenk, wenn es andere bezahlen.

Als ich die Dokumentation des ersten Thüringer Literaturpreises erhielt, sah ich mir zuerst die Fotos an. Die Urkunde von Sigrid Damm trägt als Briefkopf das Logo von E.ON Thüringer Energie. Sowohl an dem Rednerpult wie an der Fahne prangte es. Jemand, der nicht eingeweiht ist, könnte meinen, hier wird ein Betriebspreis in Thüringen vergeben.

In mir erwachte sofort der Anzeigenblattverleger, der ich zweieinhalb Jahre lang gewesen war. Sollte ich mir nicht diesen Werbeplatz beim nächsten Thüringer Literaturpreis sichern und dafür meine 6000 steuerfreien Euro verzinst verwenden? Ich gewönne die Aufmerksamkeit vieler wichtiger Leute, zum Beispiel die des thüringischen Kultusministers, und wenn ich mal ein Anliegen hätte, würde mich der Herr Minister bereits kennen und wissen, dass ich schon einmal was für die Kultur getan habe.

Um nicht missverstanden zu werden: Ich finde es sehr begrüßenswert, dass ein Unternehmen sich bereit findet, Geld für lebende Schriftsteller auszugeben. So etwas passiert viel zu selten. Zudem stiftet E.ON Thüringer Energie ja nicht nur diesen Preis, sondern unterstützt noch andere literarische Unternehmungen, gerade auch für Kinder und Jugendliche. Und zum Glück gibt es in kleinen und großen Betrieben Leute, die aus gesellschaftlicher Verantwortung heraus sagen: Wir wollen und wir müssen etwas von unserem Gewinn abgeben, wir wollen und müssen uns für die Gesellschaft engagieren.

Was mich jedoch als Bürger dieses Landes, der seit 1990 noch keine Wahl versäumt hat, irritiert, ist eine Entwicklung in allen Bereichen unserer Gesellschaft, die uns zunehmend auf solche verantwortungsvollen Chefs angewiesen sein lässt. Die Tendenz zur Refeudalisierung des Kulturbetriebes geht einher mit einer allgemeinen Privatisierung und damit Ökonomisierung aller Lebensbereiche: des Gesundheitswesens, der Bildung, des Sports, des Verkehrssystems, der Wohnungswirtschaft, der Energiewirtschaft – bis dahin, dass private Firmen Polizeiaufgaben übernehmen. Ich fürchte, dass es nur noch ein kleiner Schritt sein wird, bis private Armeen im Auftrag Deutschlands zum Einsatz kommen.

Verantwortlich für diese Entwicklung sind vor allem wir selbst, wir Bürgerinnen und Bürger. Denn wenn wir in einer Demokratie leben, ist es an uns, jene Volksvertreter zu wählen, die Gesetze zum Wohl des Gemeinwesens beschließen – Gesetze, die es dem Gemeinwesen ermöglichen, seinen Aufgaben nachzukommen.

Diese Entwicklungen sind zu komplex, als dass sie allein auf Landesebene oder in den Kommunen gelöst werden könnten. Doch muss man sich auch dort die Fragen stellen: Was wollen wir? Wo liegt die Grenze, jenseits derer wir Hoheitsrechte abgeben und Abhängigkeiten zulassen?

Mit ist schon klar, dass der Kultusminister wie jeder Leiter einer öffentlichen Einrichtung froh ist über jeden Cent, den er nicht aus seinem Haushalt nehmen muss. Das war aber nicht immer so und scheint mir auch keine Notwendigkeit zu sein in einem Land, dessen Bruttosozialprodukt mit jedem Jahr steigt.

Mich stört, dass wir dabei sind, das aufzugeben, was in einem langen Prozess erkämpft worden ist: dass der demokratische Staat seine Verantwortung wahrnimmt, nicht nur für die Künste. Mich stört, dass es kaum noch einen Ausstellungskatalog gibt ohne das Logo oder den Namen einer Firma; beinah jedes Festival oder Gastspiel gibt zu Beginn die Liste seiner Sponsoren bekannt. Sogar der Empfang der deutschen Botschaft in Rom zum Tag der Einheit wurde mit dem Dank an eine Autofirma eröffnet, deren Produkte wie Karyatiden den Eingang flankierten. Sie alle kennen Beispiele aus Ihrem Alltag. Diese Refeudalisierung ist bereits zur Selbstverständlichkeit geworden. Man könnte glauben, die Zustände in vielen deutschen Alters- und Pflegeheimen sind deshalb so erschreckend, weil es nicht gelungen ist, Sponsoren aufzutreiben.

Wenn der demokratische Staat nicht genug Geld hat, dann muss er entweder die Gesetze ändern, damit er wieder seiner Verantwortung gerecht werden kann. Oder er stellt sich selbst in Frage. Die Wahlbeteiligungen gerade auf Landes- und kommunaler Ebene scheinen mir in diese Richtung zu weisen (bei den Kommunalwahlen im Landkreis Altenburg lag sie 2006 bei 36,3 Prozent, in der Landeshauptstadt bei 37,2 Prozent). Die Interessen der Privatwirtschaft sind andere als die des Gemeinwesens.

Will man sich über das Engagement von Unternehmen in der Kultur informieren, liest man auf deren Internet-Seiten, dass Kultur als »Beitrag zur Standortattraktivität« verstanden wird, als »Werbefaktor« und »unverzichtbarer sogenannter weicher Standortfaktor«. Sicher kann Kunst, Literatur, Theater, Musik auch dafür eingesetzt werden. Vor allem aber ist sie doch um ihrer selbst willen da, wie auch ein Mensch um seiner selbst willen da ist und sich nicht in erster Linie über seine Arbeits- oder Kaufkraft definiert. Die Anbindung des Kulturbegriffs an ökonomische Kriterien ist fatal, weil sie dazu verleitet, die Gelder vor allem dorthin zu geben, wo die größtmögliche öffentliche Wirkung im Sinne des Sponsoring erzielt werden kann. Dabei ist es unser aller Erfahrung, dass in Gegenden, die ökonomisch nicht viel zu bieten haben, schneller soziale Konflikte ausbrechen als anderswo und gerade dort kulturelles Engagement vonnöten wäre.

Hinzu kommt, dass Abhängigkeiten entstehen. Es wäre wohl schwer, Sponsorengelder für eine Diskussionsrunde aufzutreiben, die Vorteile und Nachteile einer Verstaatlichung der Stromindustrie erörtert. In einer aus Steuergeldern finanzierten Einrichtung wäre das – so hoffe ich – durchaus möglich.

Natürlich fällen die durch Steuergelder finanzierten Einrichtungen nicht immer kompetentere Entscheidungen als die Kulturbeauftragten börsennotierter Unternehmen. Als Bürger haben wir jedoch die Chance, einen Kulturstadtrat oder einen Kultusminister oder eine Regierung abzuwählen. Das können wir. Mit dem Kulturbeauftragten eines Unternehmens geht das nicht.

Nun bin ich mir sicher, dass weder Herr Böhm noch ein anderer Vertreter von E.ON Thüringer Energie mir in meine Arbeit hereinreden wird oder gar eine Erzählung erwartet, in der E.ON eine Familie vor dem Erfrieren rettet. Aber schon, dass ich hier stehe, an diesem Pult mit der Aufschrift: E.ON Thüringer Energie, und fotografiert werde, macht mich zu einer Art Werbeträger. Ich bin kein besonders attraktiver oder wirkungsmächtiger Werbeträger, aber immerhin einer, dessen Wert sich mit 6000 Euro bestimmen lässt.

Mich stört, dass ich über E.ON nachdenken muss, wenn ich den Thüringer Literaturpreis annehmen will. Und natürlich muss ich mir Fragen gefallen lassen. Denn wie dem Energie Informationsdienst Nr. 34 dieses Jahres zu entnehmen ist, visiert E.ON trotz des milden Winters ein Ergebnis von 9 Milliarden Euro für 2007 an. Der bereinigte Konzernüberschuss stieg für das erste Halbjahr um 9 Prozent, von 2,8 Milliarden auf 3,1 Milliarden. Soll ich also Werbeträger für ein Unternehmen sein, dessen Chef trotz dieser Ergebnisse höhere Strompreise fordert und dieser Forderung auch konkrete Erhöhungen folgen lässt? Ist das jetzt und hier der richtige Platz, um meinem Preisgeldgeber sein Streben nach Maximalprofit vorzuwerfen? Soll ich sagen, wer solche Gewinne einfährt, darf die Preise nicht erhöhen?

Warum nehme ich den Preis überhaupt an? Weil ich immer noch glaube, dass es besser ist, darüber zu sprechen, als zu sagen: Sucht euch einen anderen. Und weil es sich die wenigsten in meiner Sparte leisten können, auf 6000 Euro zu verzichten. Die Abhängigkeiten von heute sind eher ökonomischer Natur, als dass eine direkte inhaltliche Maßregelung erfolgen würde.

6000 Euro sind viel Geld. Es ist ungefähr die Hälfte des durchschnittlichen Jahreseinkommens von Schriftstellern.

In einem Aufsatz (»Göschen & Seume in Grimma« von B. E. Fischer) las ich, dass 1800 Reichsdukaten etwa 40 000 Euro entsprechen. Wenn das stimmt, entspräche Goethes Jahresgehalt von 1800 Talern ungefähr 16 000 Euro (für einen Reichsdukaten bekam man zweieinhalb Taler). Und Seume hätte ein Budget von 1800 Euro für seine Tour gehabt. Demnach erhielt Goethe, sollten diesen Zahlen tatsächliche Näherungswerte sein, etwa die Hälfte von einem Villa-Massimo-Stipendium. Darüber zu spekulieren, wie Seume oder Goethe auf einen Thüringer Literaturpreis reagiert hätten, überlasse ich gern anderen.

Meine idealisierende Vorstellung von Weimar belebte sich aufs Neue, als ich las, was der Thüringer Ministerpräsident Dieter Althaus vor zwei Jahren an dieser Stelle gesagt hat: »Wenn diesem Land noch etwas fehlt, dann ist es ein Literaturpreis.« Sollten die Thüringer tatsächlich einen Literaturpreis haben wollen, der ihren Namen trägt, müssten sie sich entschließen, monatlich 250 Euro in ihrem Haushalt beiseitezulegen. Andernfalls erschiene es mir besser, das Kind beim Namen zu nennen und von einem E.ON-Thüringer-Energie-Literaturpreis zu sprechen, denn das Unternehmen bezahlt auch die Juryarbeit, meine Fahrkarte, mein Hotel und den anschließenden Empfang – alles zusammen wohl noch einmal 6000 Euro.

Zum Schluss möchte ich den Bürgerinnen und Bürgern des Landes Thüringen, der Literarischen Gesellschaft Thüringen und dem E.ON-Thüringer-Energie-Betrieb einen Vorschlag machen. Vielleicht stiftet E.ON Thüringen ab nächstem Jahr ein E.ON Literaturstipendium in Höhe von 6000 Euro, das einer Schriftstellerin oder einem Schriftsteller zumindest für ein paar Monate ein Grundeinkommen sichert. Und die Thüringer entschließen sich dazu, den Preis, der ihren Namen trägt, selbst zu bezahlen. Weil ich in diesem Jahr vom Gemeinwesen schon so überaus fürstlich ausgestattet worden bin, und weil ich gern bei der Verwirklichung meiner Vorschläge mithelfen möchte, stelle ich mein Preisgeld für diesen Zweck zur Verfügung, sollte Thüringen darauf eingehen. Es wäre mir eine große Freude, wenn Sie tatsächlich über diesen Vorschlag miteinander sprechen würden. Vielleicht finden Sie ja noch eine bessere Lösung.

## Frankfurter Poetikvorlesungen im Suhrkamp Verlag

Die Gastdozentur für Poetik an der Johann Wolfgang Goethe-Universität in Frankfurt/Main wurde zum ersten Mal im Wintersemester 1959/60 vergeben. Erste Dozentin war Ingeborg Bachmann. Diese Tradition wurde 1968 unterbrochen und 1979 vom Suhrkamp Verlag und der Universität mit Uwe Johnson fortgesetzt.

**Jurek Becker.** Warnung vor dem Schriftsteller.
es 1601. 90 Seiten (1989)

**Peter Bichsel.** Der Leser. st 2643. 99 Seiten (1981/82)

**Elisabeth Borchers.** Lichtwelten. Abgedunkelte Räume.
es 2324. 160 Seiten (2003)

**Karl Dedecius.** Poetik der Polen. es 1690. 135 Seiten (1990/91)

**Tankred Dorst.** Sich im Irdischen zu üben.
es 2451. 119 Seiten (2003)

**Uwe Johnson.** Begleitumstände. Mit Fotografien.
es 1820. 464 Seiten (1979)

**Angela Krauß.** Die Gesamtliebe und die Einzelliebe.
es 2389. 103 Seiten (2004)

**Hermann Lenz.** Leben und Schreiben. es 1425. 168 Seiten (1986)

**Andreas Maier.** Ich. es 2492. 151 Seiten (2006)

NF 311/1/12.07

**Hans Mayer.** »Gelebte Literatur«. es 1427. 119 Seiten (1986/87)

**Christoph Meckel.** Von den Luftgeschäften der Poesie. es 1578. 119 Seiten (1988/89)

**Robert Menasse.** Die Zerstörung der Welt als Wille und Vorstellung. es 2464. 142 Seiten (2005)

**Adolf Muschg.** Literatur als Therapie? Ein Exkurs über das Heilsame und das Unheilbare. es 1065. 204 Seiten (1979/80)

**Paul Nizon.** Am Schreiben gehen. Mit Abbildungen. es 1328. 137 Seiten (1984)

**Oskar Pastior**. Das Unding an sich. es 1922. 127 Seiten (1993/94)

**Patrick Roth.** Ins Tal der Schatten. es 2277. 176 Seiten (2001/2002)

**Peter Rühmkorf.** agar agar – zaurzaurim. Zur Naturgeschichte des Reims und der menschlichen Anklangsnerven. es 1307. 185 Seiten (1980)

**Marlene Streeruwitz.** Können. Mögen. Dürfen. Sollen. Wollen. Müssen. Lassen. es 2086. 140 Seiten (1997/98)

**Peter Sloterdijk.** Zur Welt kommen – Zur Sprache kommen. es 1505. 175 Seiten (1988)

**Hans-Ulrich Treichel.** Der Entwurf des Autors. es 2193. 117 Seiten (1999/2000)

**Martin Walser.** Selbstbewußtsein und Ironie. es1090. 212 Seiten

NF 311/2/12.07